甲州、天保期の
異常気象が作った郷校

松聲堂

小野 捷夫

アスパラ社

はじめに

江戸時代には代々名主を務め、明治以降も農業と質屋を生業としてきた由緒ある芦沢家が、平成三〇年に家終いをしてしまった。明治中頃になると御勅使川扇状地《みだいがわせんじょうち》一帯が木綿や煙草の大産地であったとき、木綿畑の中に桃、李、リンゴの木が植えられはじめる。大正五年、煙草栽培が禁止になると一気に養蚕に使う桑の畑にと転換してしまう。そのとき大草原のように見渡す限り広がる桑園の中に、森のような大木が茂る果樹の場所になっていった。その果樹を営利として導入、普及に努めてきた人の家でもある。江戸時代の天保年間に、当時としては異例と思える、郷校の「西野手習所」の設立を提起した家でもある。

郷校は本来、幕府支配の代官所が庶民に呼びかけて作り上げた勉強の場である。農民の貧困を少しでも変えようと、子供たちの将来のことを考えた末の行動であったのであろう。天保時代になると、わざわざ代官所に書類を出さなくとも、誰に相談することもなくいくらでも手習所を開設出来た。それなのになぜ、西野手習所は全国的に見てもほとんど例のない、貧しい村の農民が公の郷学校を作るに至ったのか、公の教育施設として認めてもらわなければならなかったのか。

現在のように施設を作ると補助金が出るのであれば理解もできるが、当時はすべて自分たちが負担しなければならないのにどうして郷学校にしなければいけなかったのか、分からぬまま現在にいたっていた。ただ正規の手続きをしていたため明治の学制が制定されるまで公の郷学校としての扱いはされてきた。あまりにも貧乏村ゆえに決められた給料も出せたか、出せなかったといった厳しい手習所の運営で、師匠も良く耐えぬいて続けられてきたのが不思議である。今まで紙面に出なかった幾多の災難に遭遇してきたことが、かえって困難をも耐え、奮起する心が湧き出してきたのではなかろうか。江戸時代を通してずっと流れていた儒教の心根があったから続けてこられ、このようなことが出来たのではなかろうか。

幸いにも手習所の創設を提起した子孫の芦沢尉《やすし》氏が近くであり、筆者が二十代のころ親しく交流していて、そのとき先祖から聞いた話を会うたび話をしてくれた。そのときの話や事象はもう百五十年も経過してしまっており、それを検証することは困難を極めたが、家終いと共にこれらのことが消え去ることを憂い書き残したものである。

甲州、天保期の異常気象が作った郷校「松聲堂」 目次

創立と運営

1　西野村という処

郷校「西野手習所《てならいしょ》」（松聲堂《しょうせいどう》）は天保七年（一八三六）、甲斐国（山梨県）の西《にし》郡筋《ごおりすじ》西野村（現南アルプス市西野）という処に創られた村立の郷学校である。西野村は甲府盆地の西部に広がる御勅使川扇状地《みだいがわせんじょうち》の扇央《せんおう》部分に位置する村で、月夜にも焼《や》ける（月の光でも乾燥してしまう意）と呼ばれるくらい一年中雨も少なく、川もない乾燥する気象条件の土地である。

御勅使川扇状地は、南北に連なる南アルプス山脈の東側を平行に貫く前山の巨摩山地を源流とする「みだい川」の氾濫《はんらん》により土砂が堆積《たいせき》して作り出された、上から見るときれいな扇形をした扇状地である。みだい川は暴《あば》れ川で、かつては本流の釜《かま》無川《なしがわ》（富士川）と合流し、大雨の時は濁流《だくりゅう》が甲府盆地を突き抜け合流地点から三十キロも東の笛吹川をも越え、一宮（現笛吹市一宮《いちのみや》）までも飲み込む水害を幾度も起こしている。今でも甲斐一ノ宮（浅間《せんげん》神社）（現笛吹市一宮）、二ノ宮（美和《みわ》神社）（現笛吹市御坂町）、三ノ宮（玉諸《たまむろ》神社）（甲府市玉諸町）は信玄堤《しんげんづつみ》の所の三社《さんしゃ》神社に水《すい》防祈願《ぼうきがん》をしており、これが東神幸《ひがしみゆき》祭りの始まりという。

天文十年（一五四一）、武田晴信《たけだはるのぶ》（信玄《しんげん》）は父信虎《のぶとら》を駿河に追い、甲州の覇者《はしゃ》となった。この時は石和館《いさわやかた》から甲府の躑躅ケ崎館《つつじがさきやかた》に居を移していた。次の年の八月、大洪水が起こり、盆地は四か月も泥水につかったままの状況であった。躑躅ケ崎館は甲府でも北に位置し高台の場所である。泥の海の光景を連日眼前にして、甲州一円を治める身には奮起《ふんき》せざるを得なかったものと思われる。

この元凶である釜無川と御勅使川《みだいがわ》との合流をやわらげる工事に取り掛かる。御勅使川に幾つもの石積《いしづ》み（石積み出し）と、川の中にやじりのようにとがった将棋《しょうぎ》頭《がしら》を築き、流路《りゅうろ》を南北二つに分け、流れを分散し、北側を本流として（現在南流路はない）、釜無川と合流する所を溶岩流《ようがんりゅう》で出来た高岩《たかいわ》に当たるよう変え、その下流に高い堤防を築き、盆地への流入を防いだ。この堤防が現在も使われている信玄堤である。

御勅使川の流路を北に移動させたことで大きな氾濫は少なくなったが、それ以降も幾筋《いくすじ》もの氾濫した跡は残っている。扇央部には現在も江戸時代も水の流れは全くなく、氾濫原《はんらんげん》だけに土地は石ころだらけで月夜にも焼ける、と揶揄《やゆ》されるほど乾燥する場所である。地下水も深く二丈（六メートル）位の深さの井戸ではほとんど水が湧《わ》いてこない、大層不便な場所に人が住むようになったのが西野村である。

このような場所なので生活用水は六キロメートルほど離れた、山際の御勅使川まで堰《せぎ》を掘り、村の堰番《せぎばん》が月に何度か水を流して、粘土で固めた溜池《ためいけ》に貯水をさせ、貯水した水によって飲用などすべての生活用水が賄《まかな》われていた。水がないと生活出来ないので、自然と池の周りに家が建てられるようになり円形の集落が造られてきた。天保四年（一八三三）の村明細帳にも十八か所の溜池の記載があるが、小さな村であるのにこのように多くの溜池が必要であった。溜池の南側には欅《けやき》などの樹木を植えて日陰を作り、夏の高温で水の腐敗変質《ふはいへんしつ》を防いでいた。池の水ではあまりにも不衛生のため疫病《えきびょう》などの蔓延も起こった。寛政《かんせい》五年（一七九三）、池ノ端集落に共同井戸の掘削した記録が残る。以降慶応三年（一八六七）、までに二十か所の井戸が掘られている。慶応二年、三年は大旱魃《かんばつ》となっているが、その時の市川代官所の井戸調査によると、池ノ端集落と北村集落の幸平《こうへい》井戸（宝珠院《ほうしゅいん》のすぐ西の場所）だけしか水がなかった。そのくらい水に苦労した処に創られた村であった。

みだい川をなぜ御勅使川と書くようになったものなのか、これには二つの説が残されている。鎌倉時代は牧場（八田の牧）として使われており、西野村も牧場の部分とされている。馬の取引があった場所とされる百々《どうどう》遺跡《いせき》の近くでもある。平安時代に葛原《くずはら》親王にここの土地五百町歩を賜《たまわ》ったことから、その場所を勅旨田《てしでん》といった。その中を流れる川なので勅旨川《てしかわ》、これが訛って「旨」の字が「使」の字を使うようになり御勅使川《みでいかわ》と書かれるようになった。明治になり、国土地理院が地図を作る時に御勅使川《みだいかわ》と読まれるようになったという説。またもう一つは、天長年間（八二四〜八三三）、上流部の度重なる氾濫被害に、国司藤原貞夫は都より勅使《ちょくし》を招聘《しょうへい》し、被害の復旧を図った。勅使の一行は空海（？）だとされている。このような荒れ地で乾燥するところに向いた作物を作り、出来た作物をたくさんの人が住んでいる処に持っていき、売り歩いたら生活も楽になるだろう。と教えられたのが羅蔔《らふく》（大根）、胡羅蔔《こらふく》（人参）、牛旁《ごぼう》、夏豆《なつまめ》（そらまめ）、葱苗《ねぎなえ》、柿。それに塩（塩はこの付近の産物ではないが生活必需品だから売り歩くには良い商品）の七種の物を教えてくれたと伝えられている。（これらのうち大根、人参、牛旁、葱苗は昭和の初めまで、葱苗は昭和五十年〔一九七五〕頃まで各地に売り歩いていた。柿は大正終わり頃まで野売りしていた。野売りがなくなったのは青果市場が作られたのと、大きな八百屋が買い取り、小さな店に卸すようになったことによる。）この時の勅使に感謝して、暴れ川で氾濫を繰り返す「みでー（水出）川」を御勅使川と書くようになり「みでいがわ」と読ませるようになった。また後に西野村と在家塚村の境にある大城寺《だいじょうじ》に時の国司であった藤原貞夫を顕彰《けんしょう》して毘沙門天《びしゃもんてん》を祀り、原七郷《はらしちごう》（徳島堰による水の恩恵に与らない七つの村であるが、水害は被る）の鎮守としている。川の名前に関する説である。

勅使に教えられたこれらの作物のうち特に柿の売り方は特異で、長い間の商売の工夫からこのような売り方が慣習となったものであろう。柿の収穫はちょうど稲の刈り取り時期にぶつかる。田圃《たんぼ》では大人から子供まで家中で稲刈り作業をしている。

稲刈りは重労働で汗もかくし喉も乾く。そのようなところに水菓子（果物、この場合は柿のこと）を丸駕籠《かご》に入れ天秤棒で担いで田圃の中に持っていき商売した。仕事をしている人はもちろんお金なんか持っていない。そこで刈り取ったばかりの稲《いな》穂《ほ》や籾《もみ》と、田圃の中で物々交換するところから「野《の》売《う》り」と呼ばれるようになった。

柿の野売りに使用したかご
（白根町誌より）

このことは甲州盆歌の中にも残されている。「一《いち》番鶏《ばんどり》に家を出て　夜明けには石和の宿をうろうろ」という歌詞も歌い継がれている。

これら作物の野売り方法は、武田信玄の時代も「野売り免許状」が出されたとされ、前記の大城寺に祀られている毘沙門天の胎内《たいない》にもあり、白根町誌にも掲載《けいさい》されている。しかし町誌作成時の撮影以降その書状は行方不明になっている（書面の違う免許状も幾つもあり、花押のない書状もあるので偽物ともさ

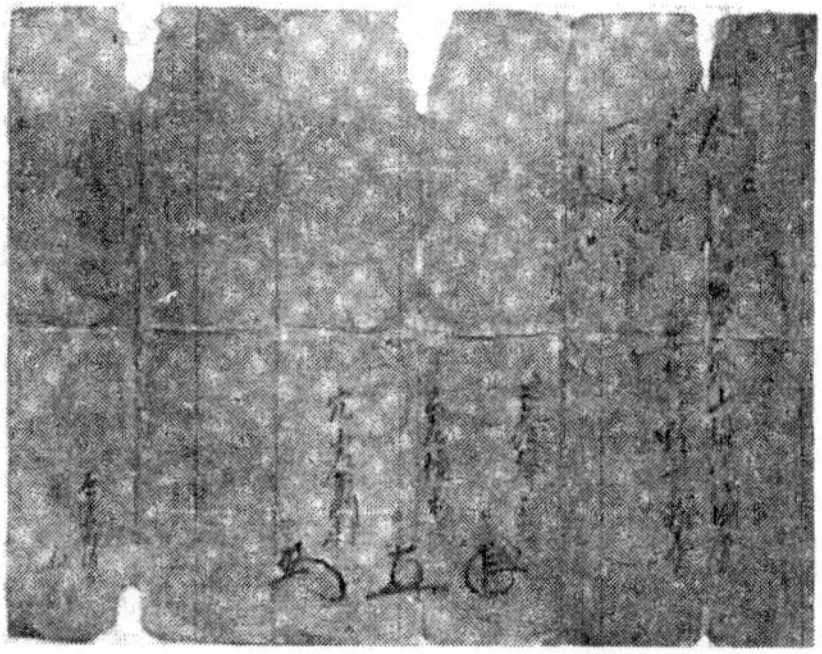

野売り・せり売り免許状
（大城寺蔵、白根町誌より）

れている）。この免状は御勅使川扇状地を作り出した前山の反対側、南アルプス山脈との間にある深い谷間の野呂川沿いの集落「奈良田《ならだ》、湯島《ゆしま》」にも、また富士山と甲府盆地をさえぎる御坂山塊の谷間の集落「九一色郷《くいっしきごう》」にも諸商売免許《しょしょうばいめんきょ》が出されている。いずれも山間地で生産力が乏しく、苦しい生活で村からの逃避《とうひ》や潰《つぶ》れ百姓が出て村の自治も成り立たなくなることから救済策《きゅうさいさく》の一つととらえられている。

このような悪条件の扇状地に広大な水田を目指した先人がいた。江戸深川の徳島兵左衛門である。寛文三年（一六六三）、韮崎より二里半（十キロ）北の信州寄りの上丸井村《かみつぶらい》の釜無川（富士川）から水を分け、舟道と御勅使川扇状地を広大な水田地帯にしようと計画、寛文四年これを幕府に申請、五年より工事が始まり七年に完成した。しかし大雨のため決壊《けっかい》してしまう。そのあとを有野村の矢崎又右衛門が素掘りであった堰を石積にして完成させた。徳島堰《とくしませぎ》と呼ばれるものである。この完成により堰添い二十二カ村に水田が作られた。御勅使川の下を木組みのトンネルで横断させた堰によって扇状地の六科《むじな》村、野牛島《やごしま》村、有《あり》野《の》村、百々《どうどう》村、飯野《いいの》村に田圃が開かれ、飯野新田、曲輪田《くるわだ》新田村と二つの水田集落も新たに作られた。ところが在家塚《ざいけつか》村、西野村、上八田《うえはった》村、上今井《かみいまい》村、吉田《よしだ》村、桃《もも》園《その》村、小笠原《おがさはら》村の村々はこの徳島堰の水の恩恵にはあずからず以前と変わらぬ生産力の乏しいままの乾燥地として残されてしまった。その取り残された七つの村を原《はら》七郷《しちごう》と呼ぶようになったものである。

取り残された村々も手をこまねいていたわけではない。巨摩山地の夜叉神峠を越えた奈良田村には、南アルプスの北岳などを源流とする豊富な流れの野呂川《のろかわ》がある。元禄《げんろく》四年（一六九一）、上今井村の切刀次兵衛は夜叉神峠にトンネルを穿《うが》ち野呂川の水を扇状地に引き込む計画を立てたが、計画倒れになってしまう。これは甲斐の国を柳沢吉保《やなぎさわよしやす》が支配していた時で、資金調達が無理だと思ったらしい。

享保《きょうほ》元年（一七一六）、幕府の将軍が八代目の徳川吉宗に代わり、享保九年二月今まで甲斐の国を支配していた柳沢吉里（吉保の子供）は奈良の郡山《こおりやま》に移封《いふう》となる。この時から甲斐の国は幕府直轄領《ばくふちょっかつりょう》となり、甲府勤番支配《こうふきんばんしはい》が置かれるようになった。この年の十一月、徳島堰からの水が行き渡らなかった村々から、野呂川の水を引く新堰開発《しんぜきかいはつ》の申請が出されている。

しかしこの計画は現地見分の結果、山深いことと長い隧道《ずいどう》（トンネル）を掘削《くっさく》しなければならず、計画倒れになってしまう。その後も幾度もの申請が出されている。文政三年（一八二〇）、陳情と共に現地見分の嘆願書《たんがんしょ》も出され、雪解けを待って百々村の佐野右衛門、西野村の芦沢重左衛門、長百姓の民衛門、六科村の惣之丞が人足を連れ現地見分を行っている。この現地見分と嘆願書の提出は、御勅使川扇状地より下った水田地帯の戸田村、宮沢村、はじめ田方《たがた》十四カ村から野呂川取水に反対の声が起こる。この地帯は曇って三寸といわれるくらい、曇っていても水位が上がってしまうほどの水が多い処で、雨が降ると扇状地から流れる水と富士川の水の逆流で、洪水が起こってしまう水の多すぎる地帯で、これに野呂川の水が加わったらさらに洪水が起こってしまうという理由であった。

申請と反対の繰り返しで数百年もの間、話が進まないことから、この付近では埒《らち》が明かないことを「野呂川話」と呼んでいる。三百年来の夢が叶い上水道が出来たのは、御勅使川の伏流水を水源に、江戸時代からの幕府への幾度もの申請がようやく昭和三十五年（一九六〇）、野呂川の水がこの地域の水利権として認められ、水力発電の水使用との交換に、野呂川上水道は南アルプス市全域に行き渡る。同じ頃、徳島堰も三方をコンクリートで固め、濾水《ろすい》を防ぎ扇状地すべての畑にスプリンクラーで灌水《かんすい》できるようになる。

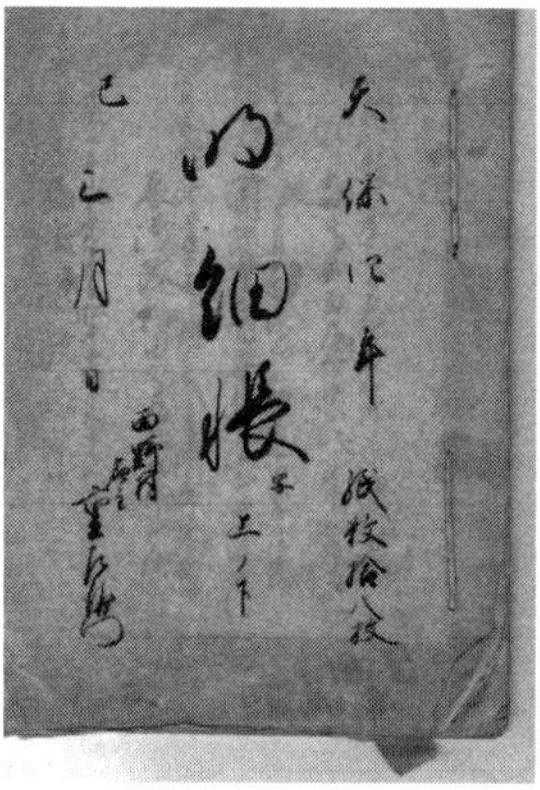

天保4年西野村明細帳
（小野毅家文書）

昭和も三十年になるまで、平らな土地でありながら水がないため水田もなく、石ころだらけでさらに乾燥してしまう生産力の乏しかった貧乏村の西野村であった。

このような村で手習所を作ろうと考え出したのは、いったいいつの頃であったものであろう。残された資料や聞き取りを基にすると、手習所の創立の始まりは天保四年（一八三三）と考えられる。その時の西野村の村勢はどのようであったか村明細帳で見ると、

天保四年西野村明細帳（小野穀家資料）

名主（芦沢）重左衛門

当村家数一八八軒　寺四ケ寺、やまぶし一軒

人数　九一六人　内男四五一人　女四六五人

牛馬　二十四匹

当村皆畑場《かいはたば》にて田方一向に無御座候《ござなくそうろう》

畑作物　木綿《もめん》、たばこ、あわ、大豆、ひえ。木綿、莨《たばこ》、柿処所《ところどころ》に売り出し候

溜池　十八ケ所

氏神　八幡宮一ケ所　社殿と門の間には山の神東方に随神門その東に鳥居あり、南北は椚林、西は道まで松の立ち木と山の神あり、とある。

二百軒もない、ようやく生活出来るような小さな貧乏村が、どうして公立の郷学《ごうがっ》校《こう》のようなものを作ることになったのか。この時代の天候異変と一人の人物の思惑《おもわく》が幕府の公認する郷学校まで作ることになってゆく。

2　天保の飢饉

江戸時代は気候の寒冷化が何度か起きた時代で、寒冷期には度々飢饉《ききん》が起こっている。東北地方で死者が多く出た天明の飢饉はよく知られているが、天保時代にも寒冷気候に見舞われている。

天保三年（一八三二）、甲州の天候は大旱魃で、水が豊富に利用できる水田地帯は、天気も良いので影響が少なかったが、西野村はじめ扇央の村々は、雨が全く降らないので砂漠のようになり、潅水しようにも水がないので作物は萎《しお》れてしまい、さらに枯れてしまう惨状になってしまった。名主は代官所に年貢の減免《げんめん》や夫食《ふじき》（食料、特に米穀をさす）拝借金のお願いを出している。年が明けた翌天保四年になると、一転夏は雨ばかりの天気になり、さらに暑い夏になるどころか春のような寒さが続く。冷害により作物の不作は顕著《けんちょ》になってしまう。西野村でも自分たちが食べる自給の雑穀《ざっこく》ばかりか、換金作物として栽培していたたばこの葉は軟弱で薄く、木綿の木には花がつかず僅かな実しか実らず、女性の仕事であった綿から糸を紡ぎ、木綿布を織ることさえ出来なかった。

水田地帯の稲にいたっては実が入らず秋になっても穂は立ったままで、しいなばかりの大凶作になってしまう。この稲の大凶作は野売りで商いをする人が大勢いた西野村にとって大問題の事態になってゆく。小さな柿の実をお湯につけ渋を抜いてから、丸駕篭《まるかご》に入れ天秤棒《てんびんぼう》で担《かつ》いで、田圃地帯で稲刈りをしている処に持ってゆく。稲刈りはきついし汗もかき、喉もかわく。そこに甘くてみずみずしい柿は美味しくおやつになる。いつもの年であれば柿は稲穂《いなほ》（昔は稲穂だけを刈り取ってそれから籾にしていた）や籾とすんなりと交換してくれていた。ところが冷害で大凶作の稲刈り仕事では、これから自分で食べるお米のことや年貢のことを考えると、簡単に籾を柿と交換する余裕がなくなっていた。このような事情が水田地帯にあったものだから、くたくたになるまで持ち歩いても売れも交換も出来ず、柿は傷だらけで真っ黒になり次の日の売り物には出来なくなってしまう。ようやく交換した稲穂や籾は乾燥させ、その籾は自分で食べるのではなくそれを又売ってお金に換え、年貢や生活費にあてる生活をしていた。

野売りの不振が問題であったのは、水田地帯の年貢の支払いは米による物納と、小物成《こものなり》（山の草や薪などに掛けた税金）はお金で支払っていた。それに対し西野村の年貢支払いは、米が作れないので、江戸時代のはじめから物納でなく、すべて金納であった。さらに天保四年から九年の冷害で凶作の間、減免申請をしているが、水田地帯の年貢率（村の面積や等級で村全体の石高を算出したものが検地帳《けんちちょう》と呼ばれ、年貢納入の基礎台帳になる）は、例年だと三十八％～四十％であったが、冷害により税率が十八％に下がっている。しかし西野村は村高七六一・六九三石に対し、例年の年貢率は雑穀、野菜など価格の低い作物しか作れないので二十八％（作物がよく生育しないので水田地帯より税率が十％ほど低かった）のところ、冷害時の時でも例年のままであった。それに小物成や諸雑税を入れると三十八％位と変わらず、そのすべてを現金で納めていた。年貢の外に塩や夜間に使う灯火の油代、ほかに生活に必要なお金がどうしても必要であった。このお金を生み出すため木綿や煙草を販売、それでは足りないので柿や野菜などの野売りで米との交換や販売で現金を生み出してきた。それが連日売れも交換も出来なくなる事態になってしまったからである。

このような事態が続くと村人の気持ちは苛立《いらだ》ち、荒れて来るばかりか喧嘩《けんか》は目立ち、悪さはするし博打《ばくち》にのめり込む人もちらほらでなくなってしまった。自然と村全体が険悪な状況になっていた。大人たちの無気力さや苛立ちは、子供にも影響して、悪さも目立ち始め乱暴やいざこざは日常になっていた。天保三年は雨なしの旱魃による凶作、四年は低温と長雨での冷害による凶作（この冷害は九年まで続く）と、もう二年続きの凶作である。このような状況で、村人の中には食べられない家も出ている。（ちなみに天保九年までに村の一割の家がなくなっている）名主は布施米《ふせまい》や年貢（当時の税金は村全体にかかり、一軒の耕作面積などから個人の税金額を算出し、出せない人が出ると村全体から完納した）の算段《さんだん》ばかりでなく、弱い立場にいる子供が荒れてゆく話を聞くにつけ、村役の人たちにも頭の痛い事態になっていた。

このような時に、西野村には当時子供を指導し、勉強を教える処（寺子屋や塾）が全くなかった。子供の教育を考えるようになった天保四年より八十年以上前には、隣村の今諏訪から忠助という手習い師範を芦沢家の祖先十左衛門が招請《しょうせい》して、子供たちを教えていた記録が残されている。その後も教える人がいたことが伝わっている。文化期以前にも地主で名主もした椚《くぬぎ》集落の功刀太郎左衛門（功刀哲男家祖先、文化九年〈一八一二〉八月没）が自宅で「松松亭」という塾を開き、子供に読み書きそろばんのほか生活などの指導も行っていた。ところがこの人は他人の借金の保証をしたためすべての財産を失うことになり休止になってしまう。そのあと近所の功刀安吉（功刀幹浩家祖先）が引き継いだが、仕事の合間を見ながら夜間での塾であったために長続きせず、数年で閉じてしまった。その後二十数年、子供たちを教える場が西野村から消えていた。

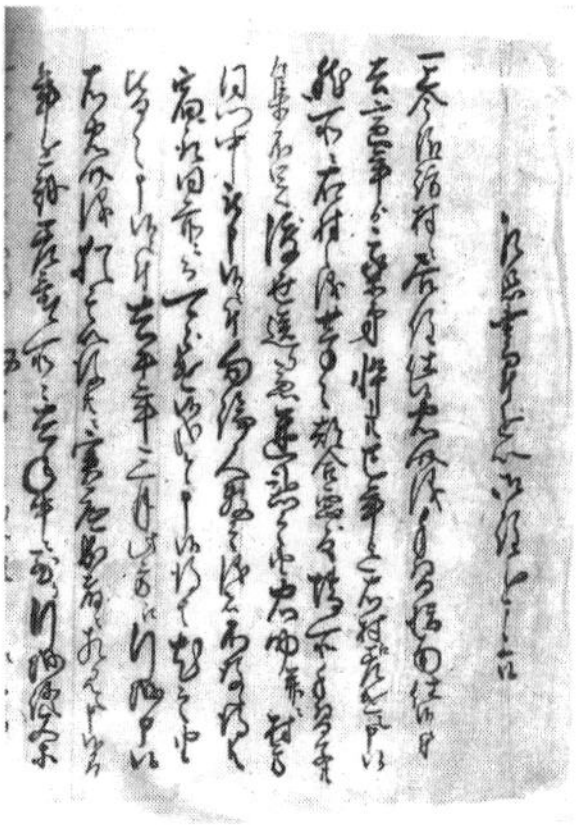

今諏訪村から師匠招聘
（芦沢尉家文書）

この状況を一番心配していたのは、天保四年に名主をしていた芦沢重左衛門ではなかったろうか。芦沢重左衛門は大人になってから芦沢家を継ぐことになった人で、子供の時には豊かな水田が広がる西花輪村の大地主であり名主もしていた。さらに「時習館《じしゅうかん》」という塾をも開いていた家庭に育った人で、西野村とは環境が全く違っていた。

江戸時代は米はお金と同じような価値があったうえに、主食でもあった。水田地帯の人は米を主食として食べることが出来たのに、西野の人は白米のご飯は盆と正月くらいにしか食べられず、普段は麦飯かあわ、きび、ひえなどの雑穀米やおやきにほうとう（味噌煮のうどん）であった。そのため水田地帯の人はおおらかな性格であったのに、米の穫れない西野の人は性格が荒っぽくこせこせしていた。野良仕事の間に野菜や柿の棒手振り《ぼてふ》商（天秤棒で担いで売り歩く）で一文二文という小銭を追いかけているので卑《いや》しい人々とか、野郎共《やろうども》と揶揄《やゆ》されていた。このような呼ばれ方の違いも十分知っているだけに、今回の凶作による子供たちへの影響は尋常ではないことに気がついていた。子供がこれ以上に悪影響を受けないよう、村役の人にも相談したと考えられる。当時村役の百姓代であった源右衛門の子孫小野義次が子供の教育について相談があったことを、祖父より伝えられていたことに言及している。

天保四年の西野村の村役は次の方々が担っていた。（以下西野村資料より、西野村資料は平成元年火災で焼失）

名主　重左衛門

長百姓　幸蔵、佐次兵衛、民右衛門、七右衛門、見習の直三郎

百姓代　作右衛門、源右衛門、文左衛門、伊右衛門、常右衛門、半左衛門、佐助、滝蔵、如助、仙右衛門

天保時代の西野村の代々名主を務めたのは次の方々であった。

文政十一年（一八二八）　佐次兵衛　四月から　重左衛門

十二年　佐次兵衛

天保一年（一八三〇）（十三年十二月九日より天保元年）　民右衛門

二年　幸蔵

三年　幸蔵　十一月より重左衛門
四年　重左衛門
五年　佐次兵衛
六年　民右衛門　九月より幸蔵
七年　幸蔵　四月より七右衛門
八年　幸蔵
九年　重左衛門
十年　佐次兵衛
十一年　民右衛門
十二年　重左衛門
十三年　佐次兵衛
十四年　民右衛門

であった。

天保四年に名主をしていた重左衛門は村役の人たちに話を持ち掛けるにあたりど

うも腹心算があったと思われる。それは前述のように重左衛門の生家は「時習館」と呼ばれる家塾を運営していた家でもあり、何人かの師匠もいてどのような師匠なのかも知っていた。その中に西野村まで来てくれるかどうかわからないが、素晴らしい師匠がいて子供たちに読み書きだけでなく、人としての倫理《りんり》（モラル）を指導するのが上手い松井《まつい》渙斎《かんさい》という師匠がいる。そのような話を村役の人に話をしていた。その時長百姓であった佐次兵衛と、おなじく長百姓の幸蔵が、その人ならわしらも良く知っている、ということで手習所開設の話に進んでゆく。

3　不思議な姻戚関係

西野村の村役になっていた長百姓の佐次兵衛と幸蔵が、時習館で師匠をしている松井渙斎を知っているのにはこのような理由があった。

西野村より一里半（六キロ）ほど南に水田の広がる藤田《とうだ》村（現南アルプス市藤田）がある。そこに医者をしていた広瀬家がある。広瀬家は元五味を名乗った豪農であったが、市川大門村の医者広瀬保益の四男周平《しゅうへい》（中庵）が五味家の娘と結婚、婿の姓広瀬を名乗り、そこで医業（仁寿館）を開く。周平の長男恭平《きょうへい》（諱《いみな》・和景《ちかかげ》、号《ごう》・魁屋《かいおく》）の処に幸蔵（先代幸蔵）の長女（松聲堂の創設で総代になった二代目幸蔵の姉）が嫁いでいる。この恭平との間に娘三人と二人の男兄弟がいた。長女は西野村の地主で煙草商をしていた中込善左衛門（後襲名して佐次兵衛を名乗る）の処に嫁（天保四年四月若くして死亡）に来ている。この嫁の下に二人の男兄弟がい

広瀬家（仁寿館）

て、この兄弟二人は藤田村の東を流れる富士川を渡船（当時この川には橋はなかった）で渡り、西花輪村の清右衛門の処で開いていた家塾の時習館に勉強しに通っていた。名前は兄を平五郎《へいごろう》（和《ちか》達《さと》、雨鳴《うめい》）弟を元恭《げんきょう》（饗《きょう》、字・礼卿《れいけい》）と呼んでいた。この子供二人の師匠が時習館に来たばかりの松井渙斎であった。この兄弟は天保六年、六年間の師匠から勉学を終えたのち、兄は父恭平のもとで医学を学び藤田村で医業を継いだ。山梨県で初めて、自分の子供和育《かずたつ》に種痘《しゅとう》の人体実験をして成功、種痘医として知られるようになる。弟元恭はその時十五歳で、江戸の蘭方《らんぽう》医坪《つぼ》井《い》誠軒《せいけん》（信道）の塾（日習堂）に入門する。坪井誠軒入門の紹介は、天保三年二十一歳で坪井誠軒に入門していた大久保廣斎（現南アルプス市荊沢《ばらざわ》の医者、大久保章言の次男）で、この大久保廣斎の姉が時習館を開いていた内藤清右衛門の次男で医者になっていた金吾（改名後泰岳《たいがく》）の処に嫁にきていた。そのような間柄から廣斎の口利きもあり入門することになる。この廣斎の兄二代目大久保章言《しょうげん》は長崎のオランダ医師シーボルトに学び山梨に薬草のジキタリスや李の一品種、牡丹杏《ぼたんきょう》（この品種は明治初めアメリカに渡りケルシー農場で実を付けたのでケルシージャパンと名付けられ、実が大きく味が良いため世界中で注目され、現在もアメリカ、ヨーロッパで栽培されている）をもたらした医者である。元恭の入門した坪井誠軒門下には先輩に緒方洪庵がおり、江戸時代後期に代表される西洋医学の名医として共に日本中に名前が知られた人になっている。

　元恭は弘化《こうか》元年（一八四四）京都で医業と私塾「時習堂」を開設する。『利摂蘭度《リーゼランド》人身窮理書《じんしんきゅうりしょ》』（生理学の本）や軍事関係の書籍を翻訳《ほんやく》していることから勝《かつ》海舟《かいしゅう》とも親交があった人でもある。門弟には佐野常民や陸奥宗光《むつむねみつ》、からくり義左衛門で知られる田中久重らがおり、久重の妹が元恭の妻になっている。元恭がオランダ語に堪能で沢山の医学書や兵学書などを翻訳しているのも、小さい時松井渙斎師匠から漢学をみっちりと教えられたお陰であった、と西野の手習所で勉学後時習堂

（広瀬元恭の塾）に入門した小野泉（後に記載）の伝記に記されている。

西野の幸蔵にしてみればこの子供たち兄弟は甥であり、佐次兵衛の嫁も姪である。佐次兵衛にしてみると義弟である。幸蔵と佐次兵衛とはそのような関係の親戚であった。広瀬家の人から子供の話や時習館の師匠松井渙斎のことも話題に上りよく聞いていたと伝わる。

中込和泉守墓所

いっぽう名主をしている芦沢重左衛門は内藤清右衛門の三男である。清右衛門家と芦沢重左衛門家との繋がりは、芦沢家は元々は中込の姓で、天文年代（一五三二～一五五四）甲州一円を支配していた武田家に仕え、中込和泉守道昌《なかごみいずみのかみみちあき》と名乗り、西野でも広い土地を持っていた有力者であった。和泉守の墓所は西野手習所のすぐ北にある。そこに西野の八幡神社を勧請している。現在も八幡神社の右奥に社殿があり和泉守が祀られている。道昌には子供がなく、下山《しもやま》

（現身延町下山）の芦沢《あしざわ》伊賀守《いがのかみ》元辰《もとたつ》の三男辰久《たつひさ》を養子に迎え、それから芦沢を名乗るようになった家である。芦沢を名乗るようになってから、代々重左衛門または十左衛門を襲名していて、江戸時代はずっと農業と質屋を営んでいる。文化年間の重左衛門には子供が無かったことから、西花輪村の内藤清右衛門のところから養子を迎えている。

　この芦沢家と内藤家の家族関係はこのようになっている。内藤清右衛門家はもと九一色衆の領袖《りょうしゅう》（九一色衆の指導者）をした武士で、武田家に仕え武田没後帰農し、寛永年間に釜無川の氾濫原であった西花輪に移住し、新田を開発して大地主になっている。この氾濫原は信玄堤が作られ、この時下流まで今までなかった堤防が作られた。この時霞堤《かすみてい》も築かれる。霞堤とは、連続した堤防でなく、途中を五百メートルほどあけ斜め横から別の堤防を作り、広い空き地を設け、大雨で水が氾濫した時この堤防のない処から水をあふれさせて逃がす作りとなっている。これを霞堤と呼んでいる。この堤防が出来てから新しい村々が創られている。大地主になってから五代目が清右衛門正輔《まさすけ》（諱正輔、通称清右衛門、字禹昌《うしょう》、号花溪《かけい》）である。この人は甲州において大きな功績を残した人である。甲州の地理、歴史を調査、編纂《へんさん》して「甲斐国志《かいこくし》」を完成させている。甲斐国志は文化二年（一八〇五）、松平伊予守貞能《まつだいらいよのかみさだまさ》が甲府勤番支配になったとき、甲斐国の地誌を作るよう幕府から内命を受け編纂に取り掛かったものである。貞能は甲斐の有識者であった内藤清右衛門、谷村の森嶋弥十郎《もりしまやじゅうろう》、上小河原村の村松弾正左衛門《むらまつだんじょうざえもん》らの協力を得て、甲斐の国法、自然、神社、仏閣、人物などを調査している。調査の途中貞能は甲府勤番支配から江戸城西丸小姓組番頭となり江戸に移動になったことから、清右衛門の自宅が編纂場所となり、文化十一年、全百二十四巻からなる「甲斐国志」が完成し幕府に献本している。

芦沢親広の墓標

　清右衛門には四人の子供があり、姉とみは医者の高室久吉（昌韞、通称五郎兵衛）の処に嫁に行っており、長男の景助（字仲明、通称清右衛門）は大きな農地と材木商藤屋、さらに時習館を引き継ぎ、父と共に甲斐国志の編纂にも関わっている。次男は金吾といい、のちに泰岳と名前を改め医者となる。三男は早逝し、四男小四郎（三男は早逝したため小四郎の墓碑銘は三男になっている）は親広と名乗る。この子供たちの母親が西野村の芦沢重左衛門の娘むらである。むらの実家の跡取りである兄に子供がいなかったため、清右衛門の三男親広が養子として芦沢家の跡を継ぐことになった。

親広は親に似て頭脳明晰であったらしく時習館での親の教育によるものだろうか、子孫が親広の人となりをこの様に語っている。人は「学と芸」を小さい時に、身に付けさせてやることだよと言っていた。学と芸とはどのようなことなのか、学は己を修めること、芸とは様々な知識とか技術のことで、これらを身に付けておかないといけない、そのような心持もあったからだろうか、育ちもいいのに西野に来てからも偉ぶらず、村人の

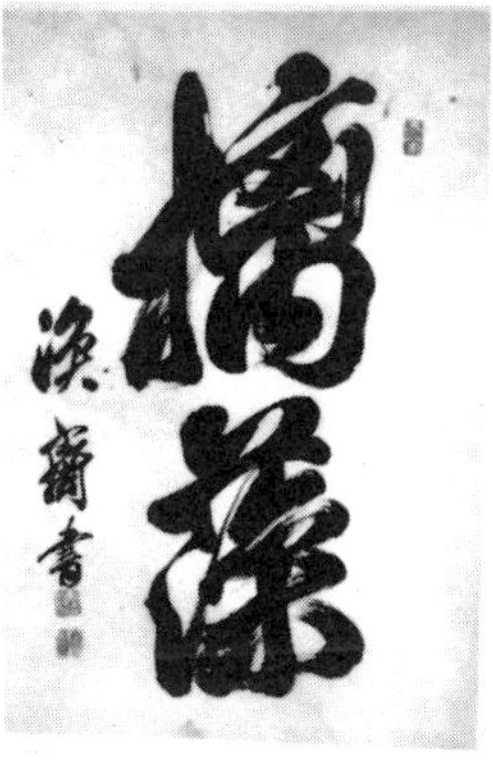

芦沢親広に贈られた
「璃藻」（芦沢家文書）

ために献身的に働いた人だったようである。後に西野手習所師匠になった松井渙斎より「璃藻《ちそう》」（文にも優れ頭脳明晰な意）と尊敬の言葉が贈られている。このような姻戚関係と重左衛門の人柄や村役の繋《つな》がりがあったことから時習館で教えている松井渙斎師匠という人なら申し分ない話と、とんとん拍子に話は進んでいった。西野村の村役は、内藤家と芦沢家が深い縁故関係もあり、本人が了承さえしてくれれば村に来てくれるのは当然のように考えていた模様であった。しかしいよいよ清右衛門に相談してみると、色よい返事をもらうことが出来なかったと思われる。

4　郷校を目指す

西野村の重左衛門は、村の人たちに時習館で師匠をしている松井渙斎の人となりを説明し、この人がもし西野に来てくれたら、と希望を述べる。村役の人たちの同意を得たことから、重左衛門は西花輪村の兄清右衛門（景助）に相談に行く。

時習館で教えている松井渙斎を西野村の手習所の師匠にお願いしたい。弟の重左衛門は村の今置かれている実情と、手習所を創りたいこと、その師匠に松井渙斎を招きたいことを話した。清右衛門としては、松井渙斎にも相談はするけれどむずかしい話だよ、と言われてしまう。その理由として、西野村には教える場所も師匠の住む場所もない。

もう一つ大きな問題は、松井渙斎が旗本の出であることであった。兄清右衛門は父正輔と共に石和の代官所が郷学所の由学館を創設する時、設立に向け山本大善石和代官の相談にも乗り、開学に至っている。清右衛門景助は幕府官僚の旗本と庶民との身分の違いを、名主としての代官との接し方とはまた違う接し方もしていたこと。さらに甲斐国史編纂をした時、甲府勤番支配であった旗本、松平貞能とも親しく意見の交換もしている。それで士農工商の身分秩序の中で、旗本の幕府官僚の威厳のようなものをよく心得ていた。根底に旗本と農民の身分差を会得していたから、難しいといったのではないか。

文政六年（一八二三）、石和代官の山本大善の考えで郷学所《ごうがくしょ》「由学館《ゆがくかん》」が設立されている。清右衛門親子は設立にあたり、甲斐国史作成で村々の調査もしていて、村々の知識人とも親しく、民意も承知していることから山本大善から設立の相談をされている。この時、由学館の師匠として、申請時とは違う小池琴河《こいけきんが》がなっている。小池琴河は漢詩にも長けていたので、清右衛門は時習館に来てからの松井渙斎に師匠仲間としても、小池琴河を紹介している。松井渙斎も親しく交流していた。

小池琴河（諱正俊、名志平、字子鵠、号琴河、一七五七～一八四二）は、倉科村（現甲州市牧丘町倉科）の大沢家に生まれ、のち矢作村《やはぎ》（現一宮町矢作）の小池家を継ぎ小池姓を名乗る。学問を好み漢詩に長けて塾を開いていた。その学才をかわれ、石和代官所が小城村《こしろ》（現笛吹市一宮町）の天神社の境内に開設した郷学所「由学館」の師匠として迎えられた人である（由学館設立の伺書では、上栗原村の神主土屋伊豫としているが実際に師匠になったのは小池琴河）。琴河死亡後、由学館は石和の陣屋（代官所）近くに移り、師匠は甲府にあった幕府の昌平坂学問所の分校「徽典館《きてんかん》」から派遣されている。松井渙斎が小池琴河を全く知らないのならともかく、後に松井渙斎が琴河の墓誌《ぼし》（一宮町塩田超願寺《ちょうがんじ》に現存）まで書いている間柄である。

小池琴河墓誌
（超願寺）

小池琴河の農民という身分に比べ、江戸の旗本出身である松井渙斎を、貧しい一寒村の西野村に、さらに教える場所も住む場所さえもない、そんなところに時習館から送り出すことは出来ないよ。せめて郷校位の同格の処でないと可哀そうだよ。そんな話の中から西野手習所の設立に向け動き出すことになる。

それではいったいどのような教育の場（学校）を創ろうと考えていたのだろうか。

当時子供の教育には、江戸幕府の幕臣の子弟の教育をするために創られたのが昌平坂学問所であった。甲州は幕府の直轄《ちょっかつ》地であったことから昌平坂学問所の分校が創られている。それが「徽典館」である。徽典館は寛政八年（一七九六）、甲府勤番支配の勤番士の子弟を教育するため甲府学問所が創られ、享和三年（一八〇三）、徽典館と名称が変わる。天保十四年（一八四三）に駿府《すんぷ》（静岡市）の明新館と共に江戸昌平坂学問所の分校となっている。

幕府の支配する地には、年貢の徴収や民事をおこなっていた代官所が置かれていた。代官所が支配地の庶民教育のために創らせたのが郷校であり、石和の由学館はこの郷校にあたる。各藩においても同様な教育機関が創られるようになり、藩士の教育の為に創られたのが藩校《はんこう》で、庶民の教育のために創られたのが郷校であった。

郷校の創られ方は幕府領内においては（甲州は幕府直轄領）、

一、幕府が、江戸など直轄地の庶民の子供のために設けたもの。

二、郡代、代官、旗本らがその管轄地内の家臣や庶民の子供のために設けたもの。

三、民間の有志や町村組合が地域の庶民の子供のために設け、代官所がこれを保護、監督《かんとく》を加えたもの。（西野手習所は、この三項にあたる。）

これらは公のものであった。

津久井七右衛門の筆塚（隣村・上今井）

民間の人が自分の意思や村人に頼まれたりして子供の教育を行っていたのが、寺子屋（以前は寺で和尚さんが子供に字を教えていた）とか手習所と呼んでいた。寺子屋は塾とも呼んでいた（初歩的な手習いのところをいう場合と、非常に高度の教育の場にも塾を用いた、例えば松下村塾など）。当時手習所は村々の中に沢山あり、師匠を顕彰《けんしょう》した筆塚《ふでづか》（昔は字を書く時、筆しかなかったため筆で字を習い覚えた）の碑が残されている。

清右衛門の指摘を受け、早速村役との協議の結果、代官所に認められる石和の由学館と同等のものが創れないか、ということになる。それにはどうしても清右衛門の経験と知恵が必要になるため、幸蔵と共に代表になってもらうことをお願いする。前にも述べたように由学館は、石和代官であった山本大善が発意して創設した郷学所で、幕府に設立の伺書を出して許可されたものである。この設立にあたって清右衛門親子が相談にのり、尽力して創られている。由学館は幕府の機関である代官所が創設したものである。

この時代には各藩においても学問奨励のため各地に同様の郷校が創られている。その一つが由学館である。代官所が創設することは役所の仕事の一つということも考えられる。子供のため、とはいえども農民が代官所を、ひいては幕府をも動かすことになってしまう。それは甲州どころか他にも前例のないことをすることで、大変なことだよ、と清右衛門に事前に釘も刺されていた。〈当時は分かっていなかったが文化二年（一八〇五）、町民が代官所に創立の申請をして創られた郷校が飛騨高山（現岐阜県高山市）の「静宗館《せいしゅうかん》」があった。〉

清右衛門の住んでいる西花輪村も市川代官所配下であり、名主もしているのでその時の代官山口鉄五郎とは何回か話もしていて知っているので、手習所を創りたい話を内々に相談した模様である。代官は協力はするが、代官所での創立には関心を示さなかった。

　後に山口代官については記すが、あまり面倒なことを避けるところがあったようで、そのような性格のため、西野手習所が動き出してから大きな痛手を被ってしまった。

二一四、西野村手習所造立ニ付　弘化二、巳一

乍恐以書付奉願上候

当御支配所、巨摩郡西野村名主長百姓外五人奉申上候者、同村手習所之儀御代官山口鉄五郎様御勤役中、天保六未年五月中別紙奉書上候、同村元長百姓幸蔵外拾壱人相談之上奉願上候者、西野村外八ヶ村之儀往古ヨリ御勅使川押淵之場、石砂交り高味ニ而水縁無之故原七郷与申唱、皆畑場ニ而地味不宜ニ付、古ヨリ七種御免、渋柿をさらし売買いたし、御年貢御上納仕来り罷在候程之場所柄候故、百姓忰共江日用算筆指南仕候者も無之候故、五人組御仕置をも不相弁自身持放埓ニ成行候者も間々有之、歎ヶ敷奉存候ニ付、西野村小物成地之内於字夏目原、手習所造立為敷地芝間六畝歩、此小物成米何程村方弁納之積ニ而被下置候ハヾ、相当之師匠相頼当村者不及申近村者江、五人組又者当用向ニ合候様教諭いたさせ度、右拾弐人之者共銘々出金仕手習所取立申度段奉願上候処、得与御糺之上御伺被成下、翌年中七月手習所敷地六畝歩其外ともニ願之通り御下知済ニ被仰付、　村方者申ニ不及、出金之者迄御免地同様ニ相心得難有仕合奉存、早速取立西正月普請出来、師範人臣井健蔵相頼教授為致罷在候所、先御支配小林藤之助様御勤役中天保十三寅年右願人幸蔵并同郡花輪村之長百姓清右衛門儀御糺之儀有之、進年出府仕罷在、右手習所引請世話致候者無之候ニ付、同年十一月中西野村役人とも被召出、手習所之儀先年伺済ニ而相成候程之儀ニ付、麁略之取計不相成、隣村共々申合厚相心得永続致し候様可申段被仰聞、請印奉差上候。去酉ヨリ当巳迄八ヶ年之間子供若者共へ手習、又者五人組御条為読覚、且先御代官様村々子供江被下置候、前訓略読夫々読習はせ候間、御公儀様御法度筋相守、人倫之道をも相心得、身持放埓等無之様業出精仕、往々御年貢米金無滞相納、安穏ニ父母妻子等扶助いたし、御国恩之程相弁候様ニ成行可申ト奉存罷在候。然ル処、手習所寄持金百四拾両此節迄ニ不残遣払ニ相成、往々修覆等之手当一円無之、此上迚も永々之儀ニ付難及微力、依之奉願上候者、恐多御儀ニ者御座候得とも、村々身元相当之人々江手元差障ニ不相成様、少々宛助成金相頼度奉存候。多分之金子取動候而者決而無御座候。右金子手習所附として、村方并ニ私共立会不取失様精々世話いたし、

「西野手習所造立ニ付　乍恐以書付奉願上候」
近隣の村々に基金のお願い（豊村より）

5　願書提出

この計画は前例のないことを実現させようと考えているだけに、作業は慎重に進められてゆく。まず天保五年（一八三四）には、西野村の北村集落のお寺、宝珠院《ほうしゅいん》を使わせてもらう手筈を付け、そこの庫裏《くり》の畳替えをしてから、子供を集めて寺子屋（手習い）を始めている。その時に子供の面倒を見てくれたのは宝珠院の住職龍山《りゅうざん》耕雲《こううん》大和尚であった。これは石和の由学館の創設の時

（既成事実作りの手習所）
畳替差引帳
（芦沢尉家文書）

も子供を集めて手習の塾を作ってから幕府に願書を出しており、それに倣って手習い塾（寺子屋）の既成事実を作ったものである。

手習所設立にあたって、先頭に立って動いてもらう総代を選出することになる。村でも経済的にも豊かで、世間にも知られている、さらに塾などにも接点があるような人に出てもらえればよいのでは、との意見が出され、油屋幸蔵（手塚幸蔵、名幸八、寛政元年〜天保一三年〈一七八九〜一八四二〉、五二歳没）（文化八年、十三、十四、文政三、九、天保二、七年名主をしている）が選ばれた。幸蔵は信州や江戸にも知られる屋号を屋真十《やまじゅう》（山十）と称する油商であり、寒天製造に使うテングサを信州に納める取引や地主でもあった。文芸においても原泉亭蕪白《げんせんていぶはく》の俳号をもって知られるくらい文化的素養もある。甥二人が師匠として招聘した、松井渙斎に教えてもらっている。このような条件の人はないと総代に選出された。さらに補佐役として佐次兵衛が選出される。佐次兵衛は地主でもあり、煙草商もしていて名主仲間でもある。彼の先妻は松井渙斎に教えを受けている広瀬平五郎・元恭兄弟の姉である。初めの発案者である重左衛門は兄清右衛門（景助）が表に立つことからあくまでも縁の下の力持ちとして創立に力を注ぐことになる。天保六年（一八三五）名主が民衛門に代わり、ようやく設立願書が市川代官所に提出の運びとなる。

手習所願書

願人　西野村長百姓　幸蔵
差添人　西野村長百姓　佐次兵衛

おそれながら書付をもって願い上げます。当分お預かりの所（市川代官、山口鉄五郎様のこと）甲州巨摩郡西野村長百姓、幸蔵お願いすることは、私共の村は原七郷の内でも、土地が高く、土目は石砂入りの地で、皆畑場、水田は一枚もなく、畑作は粟《あわ》、黍《きび》、稗《ひえ》、木綿《もめん》などです。少しの日照りにも、肥水、呑水等にさしつかえる処で、作間には渋柿をさらし、野売りをして、稲籾《いねもみ》と交換し少しの利益で御年貢を納めているような辺鄙《へんぴ》の処です。一昨年、天保四年は、凶作で村内の百姓は困りましたので、わずかばかりの施米をして過ごした様な訳でした。このような村ですから、子供や若者に、学問はもちろん、日常生活に必要な筆算《ひっさん》等教える者もいないから、自然と道にもないことに入ったり、悪い風俗に染み、心得違いの者は國恩《こくおん》も忘れ、百姓も出来ない者も時にあるので、なげかわしく思っています。ついては、今度、同郡西花輪村長百姓、清右衛門と話し合い、西野村のうち芝間の空地に手習所別紙図面の通りを設立し、相当の人物をえらんで、教授人に頼み、村内の子供や若者共に、手習い、素読《すどく》、人倫の道を教えていただきその上に考えることは、貧困の子弟には、一飯宛も手習所にて給し、紙墨代のみにて、教育をうけさせたく思っています。手習所が立てたなら、平日野山の作間にも学び易く、人倫の道も漸々《ぜんぜん》（しだいに）見聞き、習い覚えて、御公儀《ごこうぎ》より禁令のことはもとより、放蕩者《ほうとうもの》の悪き風儀《ふうぎ》にも染まず、自然と國恩にも感謝し、村役人や、親の意見を用い、百姓仕事にも精出すようになって、年貢にも差支えなきようになると思います。それで、別頁数名の者へ相談しました処、至極よろしき事と賛同を得てお願いしましたことと、取すめ、又は自分の私欲等にかかわることではありません。それでも不足の分は、願人の幸蔵、清右衛門両人にて出費致します。尚、追々、出金の奇特人が増し、手習所の経営も手広になると思います。その時は又教授人のことはお届けしますから、よろしくおたのみします。手当は銘々出金し、村から入用金を望む者へ金銭を預けるときは、利息を納め、教える人の手当にしたく、右、預け金のときは、年に一割の利息に定めて頂きたくお願い申し上げます。同時に、近隣村々の入用時に納めた利息は、これまで二割または二割五分程度の割合でとりおこなえば、右、金子を預かったとき、村々の納めた金銭の減少の一助になることと存じます。何とぞ哀れと思って右手習所が永久に立行くようにお願い申します。右お願いの通りお聞き下さったらならば、この上なく有難いことと思います。

天保六年二月　　甲州巨摩郡西野村

願人　　長百姓　幸蔵

差添人　長百姓　佐次兵衛

右未年正月十一日奉申上、二月願書認、三月村方御礼、五月二日願書取揃差上申候

（現代文訳　中込松弥）

手習所創立願書（芦沢尉家文書）

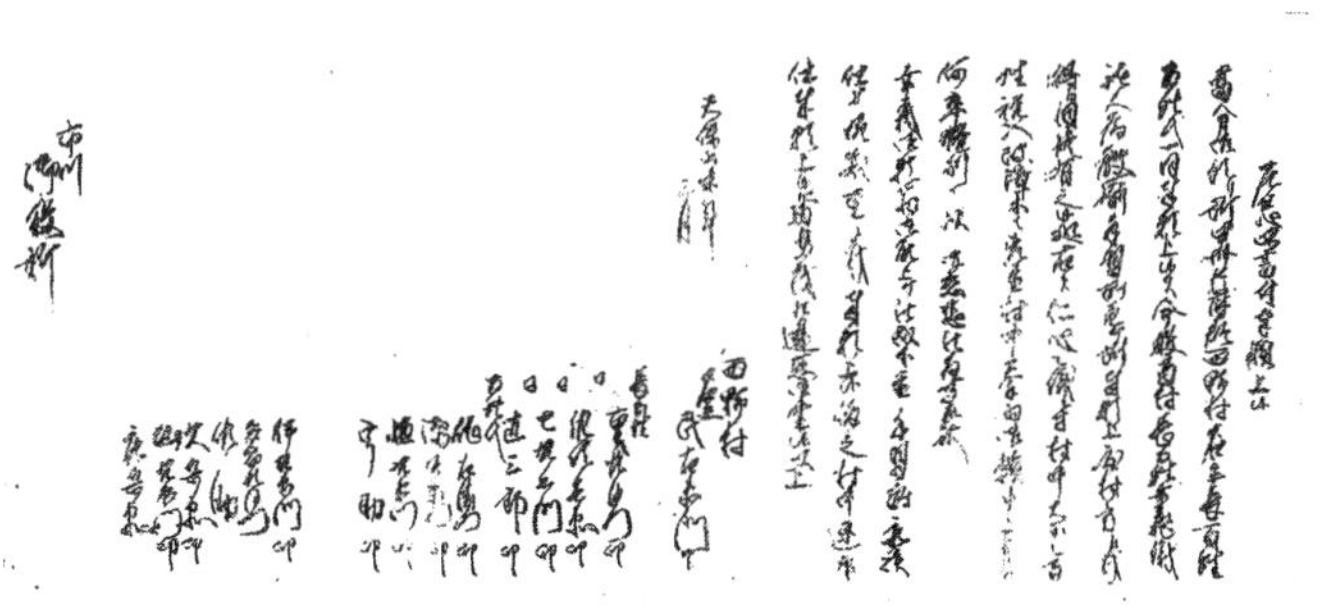

願書に続き村役人たちの創立の願い
（切刀幹浩家文書）

この願書を市川代官所に提出した一カ月後の三月、村中の人が協議し賛同。手習所の設置を是非ともお願いしたい趣旨を、名主民衛門はじめとして、長百姓四名、百姓代十名が署名して「手習所永続村中連印書」を代官所に提出している。

6　手習所の認可

願書提出から一年が経過した天保七年（一八三六）七月初め、市川代官所から幕府勘定所より「西野手習所」の名称で設置が認可されたことが告げられる。村じゅうが大喜びになった。

「認可をうけ、早速手習所はこの様に運営してゆきます」との認可に対する請取《うけとり》証文《しょうもん》が作成された。認可されたことから村役の人たちは、親類縁者を頼って手習所創立の資金援助をお願いしている。さらに手習所敷地の芝間六畝歩の年貢村方弁納の証文も添えて市川代官所に提出している。

この様式も、基金のお願いも石和の由学館に倣っている。由学館の場合は代官所管内のすべての村々に運営資金の協力をお願いしているので、その金額は千両に達した。この千両を資金の必要な管内の人に貸し付け、その利息一割をもって由学館の運営費にあてている。ところが西野村の場合、小さな村だけでの発意と申請をしているため、市川代官所管内の村々に援助協力をお願い出来なかった。さらに冷害による飢饉の最中でもあったため多くの人からの募金がなく、発意した数名の人の親類縁者と近隣の村々の名主仲間を頼って寄金を寄せてもらうより仕方がなかった。それが次の方々であった。

西野村　（長百姓　幸蔵）　二十両　外米一俵
西花輪村　（長百姓　清右衛門）　二十両
西野村　（長百姓　佐次兵衛）　十両　外米一俵
長澤村　（長百姓　半左衛門）　十両
荊沢村　（浪人　市川市右衛門）　十両
西野村　（長百姓　重左衛門）　十両　外米一俵
西野村　（長百姓　与一左衛門）　十両　外米一俵
藤田村　（医師　周平）　十両
百々村　（長百姓　幸左衛門）　十両

上今諏訪村　（長百姓　卯八）　　　　十両
上今諏訪村　（長百姓　次郎左衛門）　十両
上高砂村　　（長百姓　市三郎）　　　十両

寄せられた基金は百四十両と米四俵であった。このお金を希望者に貸し付け、その利息で手習所を運営することになる。

設立申請をしている間にも、時習館で教えている松井渙斎師匠とも幾度となく話し合いがもたれている様子であったが、いよいよ認可され動き出すと急に忙しくなった。今まで既成事実を作るために初歩的な手習程度の習いごとしかできなかった宝珠院での勉強であったが、認可されたことから、学舎が出来るまでは、ここ宝珠院の庫裏《くり》が正式の西野手習所として開所することになる。正式に認可された以上、松井渙斎師匠にいつ西野に来てもらえるのか、師匠や家族も取り合えずここ宝珠院に住んでもらわなければならないことなど打ち合わせをしていた。

そのような打ち合わせの真最中、甲府盆地一帯を震撼させた事件が西野村にも襲いかかってきた。

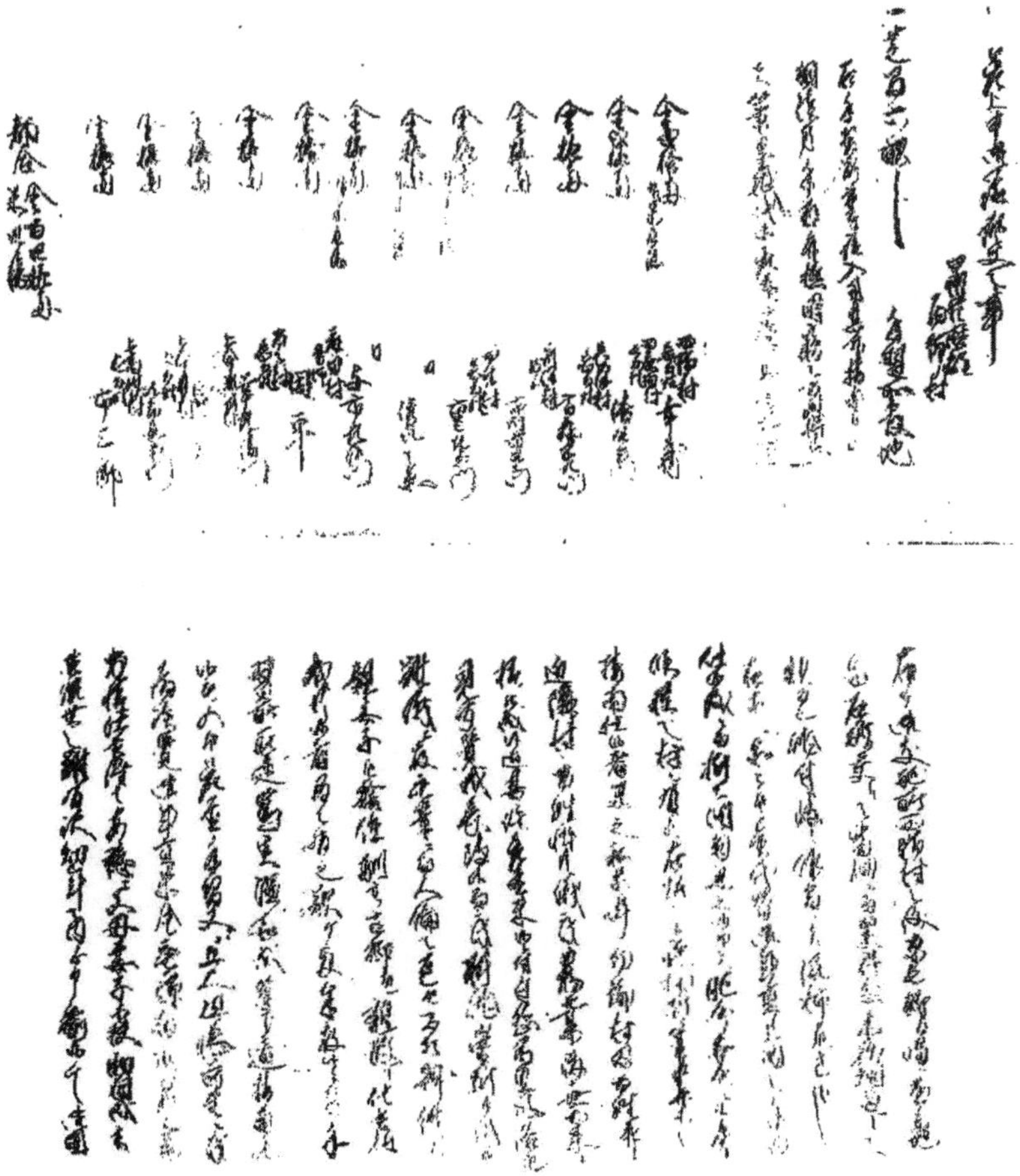

請取証文
（切刀幹浩家文書）

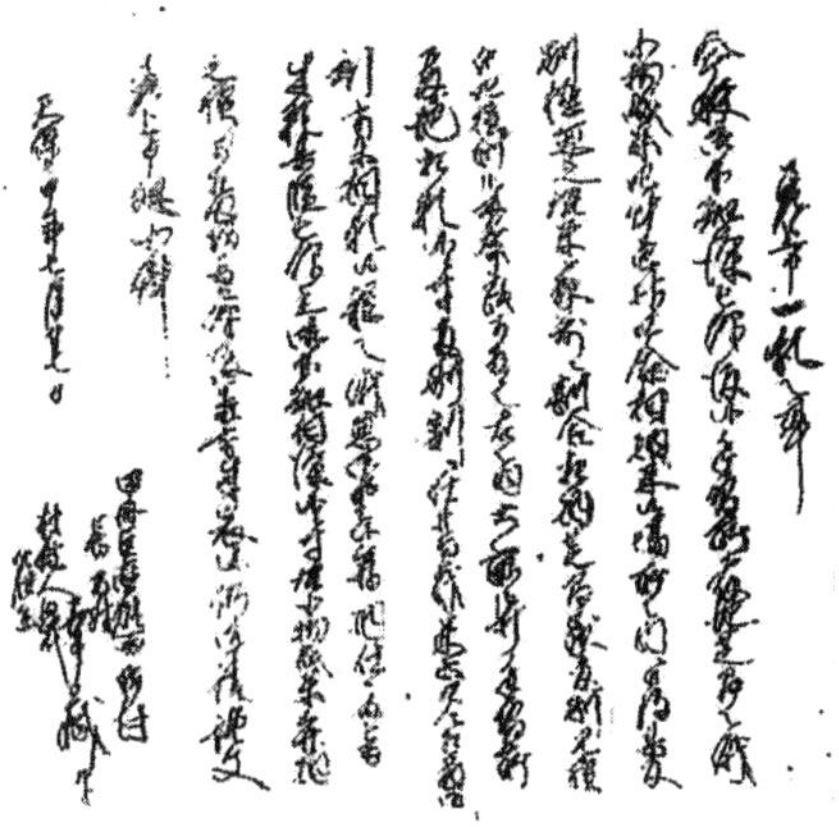

手習所敷地代弁納
（切刀幹浩家文書）

7　天保騒動

手習所の認可が下り、いよいよ師匠の来村から始まり、学舎の建築など大きな仕事が待ち構えることになる。そのような重要な時に甲州中を震撼《しんかん》させた天保騒動《てんぽそうどう》(甲州一揆《こうしゅういっき》)の一団が天保七年(一八三六)八月二十四日、西野村にも襲い掛かり、西野村も巻き込まれてしまう。

いったい天保騒動とはどのような事件であったのか。前にも記したように天保時代は天候が寒冷化してしまい、天保四年から夏が寒く、長雨となり作物は実らない凶作になってしまう、この夏の冷害は天保九年まで続いた。山間地が多く、農地の少ない郡内地方(山梨県東部一帯を指す呼名)は、木工製品、織物を生業として暮らしを立て、米や食料品は盆地内から調達して生活していた。主産業であった織物は全国的な不況で値が下がるいっぽう、郡内地方に米などを供給していた国中の穀物商は品薄を理由に売り惜しみをしていた。この売り惜しみの実態は、江戸の米不足に備えるため、米を江戸に送らせる政策であった。米俵を積んだ荷車が郡内を通過する光景には、飢えに苦しむ人たちにとっては、怒りを通り越したものであっただろうと推測する。そのようなことから盆地から運ばれる食料は、極端な品薄とそれによる高騰になってしまっていた。ちなみに郡内地方の四年から九年の六年間に、逃げ出した家七六〇軒、餓死者五千八八三人、行方不明二三三人、出稼ぎに出た人七四六人、物貰いで暮らす人二〇四人、さらに人肉を食べる人まで現れる惨状になってしまう。この惨状を代官所や米穀商に訴えたが、聞き入れてもらえなかった。

食料品を絶たれた郡内の人は天保七年八月二十日、下和田村《しもわだむら》の治左衛門、犬目《いぬめ》の兵助等が主導して、窮状の原因である熊野堂村《くまのどうむら》（現笛吹市春日居町《ふえふきしかすがいちょう》）の米穀商奥右衛門を懲らしめようと蜂起《ほうき》、八百人が集まり郡内の米穀商から押借《おしかり》（無理矢理米穀を借りること）をする。翌二十一日笹子峠《ささごとうげ》を越え勝沼《かつぬま》に入ると、蜂起を知ってか鎌や鋸、竹やりを持った人で二、三千人に膨れ上がってしまう。二十二日郡内地方に米穀を販売し、売り惜しみで今回の惨状を招いた奥右衛門の家を叩き潰し、郡内の人たちは引き揚げてしまった。

ところが無宿人《むしゅくにん》や小農、下層町民、物貰いなどさらに増え続け、石和から二手に分かれ、盆地内の豪商や富農の家々を襲撃、金銭や酒食の強要をほしいまま、二十四日には西野村にまで襲い掛かってきた。質屋をしていた重左衛門家では質草(質入れした品物)を奪い取られ、近くで油商をしていた幸蔵家では家具や書類を庭先に持ち出され、燃やされてしまった。遠くからその様子を見ていた村人は大火事になってしまう、と質屋のわきに掛けてあった半鐘《はんしょう》をけたたましく鳴らし、皆が大声で叫んだため、暴動団のほうがびっくりして逃げ出してしまった。けれども収まるどころかさらに北に荒らしまくり北巨摩方面に向かう。多方面での暴動の状況に甲府勤番支配や代官所の僅かばかりの鉄砲では如何ともしがたく、市川大門の山口鉄五郎代官は仮病をつかい、一団をやり過ごすのを待ったという有り様だった。

このような状況であったため、駿河の沼津藩や信州の各藩に鎮圧を要請、信州の高島《たかしま》藩の鉄砲隊によってようやく鎮圧された。大きな目で見るとこの事件は幕府の脆弱の姿を印象付けてしまい、幕府崩壊の先駆けとなった事件としてとらえられて

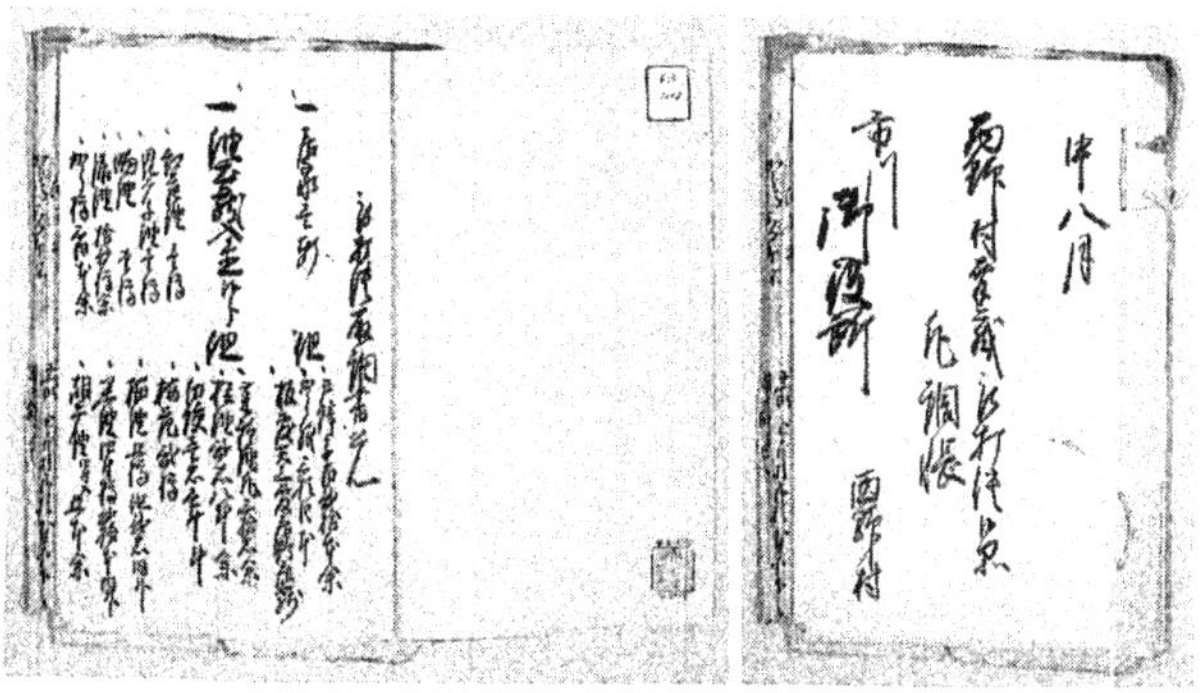

打ちこわしに合った西野村幸蔵の天保騒動被害届
（「山梨県の歴史」より）

いる。

甲州一揆の被害に遭った西野村はどのような状況であったのだろうか。西野村でも天保四年の段階でさえ食うや食わずの家族が出て（天保四年から九年までの間に二十軒が潰れ屋となり居なくなっている）、特に子供の荒れぶりが問題になっていた。その影響をどのようにすれば防いでゆけるか。その一つに手習所を創ることを考え、行動に移したことからすると、まだ西野村の人たちには、経済的にも精神的にも、次の世代の子供のことを考えようとするだけの余裕があったと考えられる。

この事件は手習所が認可され、許可された

ことへのお礼状を七月二十七日に手習所永続請書として、幸蔵と清右衛門の名前で出したばかりの時であった。これからいよいよ学舎の建築に取り掛かろうとしていた矢先で起こった事件で、創立の一番の責任者である西花輪村の清右衛門の家と、西野の幸蔵家と重左衛門家も被害にあってしまい、その被害届や後始末で学舎建築は手が付けられない状況であった。

8　建設資金の調達

手習所創立願書の中に学舎を建てることを明記している。幕府から設立の許可が下りてきたので、すぐにでも学舎を作らなければならなかった。ところが前記のように責任者の先頭に立って動いていた重左衛門、幸蔵の家、さらに清右衛門の家が天保騒動で暴徒《ぼうと》による襲撃《しゅうげき》被害により、そのあと始末で手習所の建築には手が回らなかった。またさらに大きな問題が残されていた。それは手習所に寄せられた寄金が百四十両しかなかったことである。百四十両の寄金では手習所のこれからの運営や師匠の給金のこともあり、学舎を建てる金額としてはとても無理な金額であった。騒動の後始末がついた秋、幸蔵は重左衛門を伴い建設資金のことで清右衛門の処に相談に行った。近隣の村々から資金を集めることを考え、代官所に相談をした。代官所にその目的や金額などを申請したうえでないと募金が出来ないためであったからだ。しかし西野ばかりでなく近隣の村々も冷害のため、年貢（税金）さえ完納するのに四苦八苦しているこの時期に無理だろうということで、この話は沙汰闇《さたやみ》になってしまう。

そこで目を向けることになったのが塩ではなかったろうか。幸いにも先頭に立った人は共に大きく商売をしてきている人でもあったから、塩の取引によって建築資金を捻出《ねんしゅつ》しようと考えたのではないだろうか。日常使う塩が高騰《こうとう》していたので、それに目をつけたものと思われる。甲州は海が無いので生活に必需品《ひつじゅひん》の塩は、海沿いの塩産地から清水湊まで弁財船（大型船）で運び、ここで小型舟に積み替え、再び蒲原湊《かんばらみなと》（大型船は入港できない小さな港）に陸揚げし、ここから陸路を馬や大八車で富士川の岩淵河岸《いわぶちがし》まで運び、再び岩淵河岸で曳舟《ひきふね》に載せ、今度は舟に綱を付けてこの綱を三人がかりで富士川を引っ張り、盆地入り口の鰍沢河岸、黒沢河岸、青柳河岸まで運び、ここでおろした。おろした塩は馬や人の背によって村々の商人に供給されていた。長い間この運送や販売は静岡の岩淵河岸の塩商人二十人と、荷受地の甲州鰍沢《かじかざわ》河岸、青柳《あおやぎ》河岸、黒沢《くろさわ》河岸の塩商人三十人が独占してきた。何回もの積み替えや陸送など複雑な経路と人手がかかる商品であったことから、塩は河岸の塩商人が取り仕切っていた。人手がかかるためその途中で、塩の抜き取りで量目不足、その穴埋めのため骨粉などを混ぜ目方を合わせていた、そのために塩の値段は高騰し続けていた。塩はずっとこのような状況であったことから塩にまつわる様々な訴訟も起こされてきた。

塩の高騰を見かねた田島村（現南アルプス市田島）の大森快庵は、この状況をそのままにしておくのは代官所が対策をこまねいているためである。と江戸に出向いて寺社奉行に直訴している。しかし直訴は罪になるため、大森快庵は闕所（財産没収の刑罰）の上、天保七年より弘化三年までの十年間駿河に追放の処分を受けている。

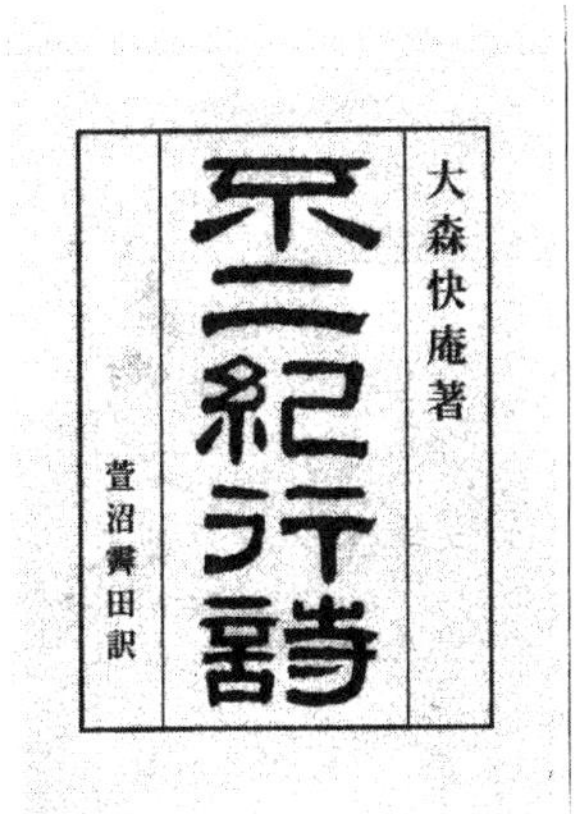

『不二紀行詩』（小野捷夫蔵）

大森快庵と内藤清右衛門は漢詩などで以前から親交があり、清右衛門の塾、時習館に来たばかりの松井渙斎は漢詩の素養に優れていたことから、漢詩の造詣の深い大森快庵に紹介している。大森快庵が天保三年出版した『不二紀行詩』の中に早々と松井渙斎の漢詩がとりあげられている。文化人で教養のある人が、塩の高騰に正義を振りかざさねばならない世相であった。この事件の後も塩の流通を巡り紛争は収まらなかった。

塩の高騰に住民が立ち上がったのが、塩の流通河岸を幾つにもして、自由に塩を運べるようにして価格を安くさせたい、甲州中の人が訴えてきた、これが広域訴願《こういきそがん》闘争《とうそう》と呼ばれるもので、過去にも幾度となく訴願闘争が起きていた。幸蔵たちが塩の取引を始めた天保八年春にも裁判が起きていた。そのような中で取引が始まっている。

このような事件が起こる程、塩は高騰していた。幸蔵等は商人らしく塩で利益を上げるにはいい機会ととらえたのではなかろうか。学舎建築資金調達のため代官所に塩の取引の申請をした。

この時運よく、前年に塩の産地の四国、伊予の藩主松平頼学《よりさと》が先祖の菩提を弔うため身延山久遠寺を訪れ、そのついでに甲州の塩の流通や売り込みをしたい故の願書が代官所にも届いていた。幸蔵、清右衛門の塩取引申請と運よくかみ合い、天保八年正月早々豫洲《よしゅう》産塩（現愛媛県）の買い付けをしている。注文した塩は八年五月十一日に、一俵十二貫目入り千八百俵が清水湊《みなと》（港）に陸揚げされ、曳舟で甲州に運ばれて、松田屋を通して売捌《うりさば》かれたと思われる。さらに四月二十五日に柴田屋五左衛門の船一艘を使い竹原塩の注文を出しており、この塩は七月六日、千七百五十俵が甲州に到着している。四月の竹原塩の注文したその後六月に入っても豫洲産塩の注文をしている。その前金として三百三十両が幸蔵から市川代官所の手代葉山孫三郎に渡されている。これら一連の塩の取引は、塩の高騰にたいして庶民からの訴えに、代官所としてもその対策を取らざるを得ないことから、代官所の目論見と、幸蔵たちの資金調達とが一致した取引ではなかったろうか。代官所が村々に塩の世話係をおいて配給しようとした資料もあること。今まで塩の流通を多くするため幾度か取引の申請が出されていても、塩流通業者の反対もあり許可されなかった経緯の中にありながら、天保七年の七月に手習所が認可され、天保騒動もおさまり、資金調達を考えたのは九月以降であろうと思われる。それでも塩の注文が翌年正月早々には出されている。幸蔵は油屋「屋真十」の屋号で油商から，テングサの取引、魚肥の取引等大きな商売をしている。さらに塩の取引も僅かながらしていたので取引の手順も心得ていたこともあり短期間の間に、塩取引申請から契約まで、すんなりと通っている。

代官所としても住民に安価で塩が渡せるまたとない機会でもあった。手代の葉山孫三郎としては救済金立替金の返済が塩の利益で出来るとの思惑もあり手早く葉山孫三郎が音頭を取ったものではないだろうか。この取引によって塩は安く供給されたらしく、この年の暮れ（天保八年十一月）甲州南部の東河内《ひがしかわうち》の村々から、購入塩が高値になり、塩荷物がなくなり住民が難儀をしているところであった。そこに売買価格の四割も値下げになり、郡中一同有難き次第と感謝の言葉が書かれている。これらの書類からも代官所の処置は効果があったものではなかったろうか。

安く供給するため、行動も今までとは違っていた。取引の運搬には通常塩商人が輸送経路として使っていた駿河の、富士川西岸にある岩淵河岸であったが、葉山孫三郎が使った河岸は、岩淵河岸でなく対岸になる、東岸の松岡河岸を使い塩を曳舟に乗せ黒沢まで運んでいる。商人が使う河岸だと商人に対する面倒な手続きもあることから、使われない河岸を代官所を笠にして強引に塩を運んでいる。〃葉山孫三郎は清水湊で塩大俵一万八千俵買い付け、強引に船頭を動員して、曳舟三百二十艘で甲州に陸揚げし大儲けした。塩の取引に直接縁のない人々さえ大げさな噂話として広まっていたことが豊村史にも残されている〃。塩商人が認めない河岸を使い塩を運んだことに、代官所が絡んでいることから訴訟には至らなかった。しかし、この後の天保十三年のことになるが再び塩の取引が問題となり訴願がおきている。

塩を何とか安く買いたい甲州の人たちは幸蔵たちが利用した河岸使用は、河岸使用の自由化の前例となった。塩商人としてはこれを認めると死活問題でもあったことから曳舟は本来年貢米を輸送するためのもので塩も御用塩であると住民の訴えを逆手にとって戦った模様である。

この時の判決は「御廻米継並往来渡舟《おんかいまいつぎならびにおうらいわたしぶね》、駅人馬等御用勤之御威光《えきじんばとうごようつとめのごいこう》」「渡船は年貢米の運送のためであり、曳舟は、駅に用意してある馬のようなもので（昔は緊急の連絡に駅ごとに馬を置き引き継いでいた）これは尊守すべき天の声である」という裁きで、郡総代たちの訴えは却下されてしまう。この時別の河岸を使い強引に塩を運搬した葉山孫三郎は天保八年の暮れには刑罰を受けており、幸蔵、清右衛門も別件で罪に服していた。そのため三郡の村々の訴えは敗訴となり、以降塩の流通や価格の問題で訴訟が起こることはなくなっている。

弁財船（大型船）一艘あたり三百三十両もの大金の取引であり、何回かの取引をすればその利益で学舎の建築に手を付けることが出来るだろうと、そのような思いから塩の取引を始めたものと考えられる。それにもかかわらず塩の取引のあった天保八年中には学舎建築の気配は全くされていない。それは三回目の注文をしたころから、にわかに代官所が騒がしくなってきた。この騒ぎは強引な塩の輸送をしたことから塩取り扱い商人から起こされたものではなく、葉山孫三郎が村から冷害救済金名目で借りた村の人たちであった。

（注、塩流通の経緯は山梨県史四近世二によるが、県史では郷学所に絡む事象とは関係なく油屋幸蔵資料から掲載されている）

9　葉山孫三郎の一件

天保八年九月、江戸で若年寄りのお駕篭に直訴する事件が起きた。この駕篭訴（勤めで駕篭に乗って登城する奉行に、路上で待ち受けて直訴すること）を起こしたのはなんと市川代官所管轄の三十六ヶ村の代表の人々であった。さらに十月になるとまた駕篭訴がされている。

駕篭訴の理由は市川代官所の山口鉄五郎代官配下の手代（代官所の事務官で代官が任命した。市川代官所には元締め沢次郎左衛門、加判《かはん》葉山孫三郎、公事方《くじかた》村井藤四郎、直原喜作、佐久間忠助、地元から四名、計九名。江戸詰、山口鉄五郎の自宅が市川代官所の江戸事務所、十二名で事務をしていた）の葉山孫三郎に対するものであった。

市川代官の山口鉄五郎は天保騒動の一件により八年の夏からお仕置き決定まで謹

慎の身となり代官の職務は出来なくなる。代官の代理として、加判の葉山孫三郎が行うことになった。葉山孫三郎は三郡《さんぐん》取締役と名乗り、天保騒動後の取り締まり、治安に当たったが実態は横暴極まりないものであった。代官代理になる前にあっても、甲州騒動があった七年の十二月から翌八年の三月にかけ、市川代官所管内も冷害を受けており、この時とばかり飢饉の影響の少なかった村を回り、幕府から救援金が出る。そこで凶作に苦しんでいる村々を救ってやりたい、とりあえず幕府からお金が下りるまでお金を立替えてくれないか、と鰍沢村から六一五両、桃園《ももぞの》村から三八八両二朱、落合《おちあい》村から二九〇両二分、下山《しもやま》村から一二六両一分二朱の金を立替えさせた。一部を窮民《きゅうみん》に配り、山間地で冷害に苦しむ窮民には名目だけの少額ですまし、お救い金として貸し付けた金には三割の利子をつけ取り立てる有り様。村々からの立替金の返済を約束した八年四月になっても返済は全くなく、ほとんどを葉山が着服してしまっていた、駕篭訴はそのためであった。

駕篭訴をした翌月の十月、またもや市川代官所管内八十二ヶ村による駕篭訴が起きた。これは山口鉄五郎代官配下の手代の人たちを辞めさせないでくれという異例の訴えであった。このまま辞めさせると立替金がうやむやになって返済されない恐れがあるというものであった。幕府も悪質な事件を見逃すことが出来ず、甲州騒動の不始末、組合無視の塩の取引など手代たちの不始末の監督が出来ないことも重なり、甲州騒動による一連の刑罰より先に、山口鉄五郎代官は免職の上牢屋《ろうや》入り、さらに逼塞《ひっそく》（武士に行われた謹慎刑、家の門を閉ざし昼間の出入りを禁じた刑罰）、手代の葉山孫三郎は御料所地方《ちほう》奉公《ほうこう》御構《おかま》い（今後一切、代官所に雇われてはならぬの意）の上、財産没収と江戸追放の処分となる。

これほど市川代官所管内を荒らしまくった葉山孫三郎という人はどのような人物であったのか、山口鉄五郎代官と葉山孫三郎の行状の成り行きを甲州に来る前に言い当てていた人がいる。江戸城開城の立て役者として知られる勝海州《かつかいしゅう》（舟）の父親、勝小吉が葉山孫三郎について日記に書き残している。勝小吉は松井渙斎と同じ五十俵の幕府旗本であるが、無役で刀の目利きや試し切りなどをしていた瘋癲《ふうてん》（定まった仕事を持たずぶらぶらしている人）の親分肌の人であった。兄は代官をしていたのだが、その代官所の手代と悪さをした経験があるため、代官所の手代のする悪さの行状はよく知っていた。以下は山口鉄五郎が甲州市川大門の代官になる前、勝小吉が山口鉄五郎の屋敷に住んでいた時の話である。（代官の住宅は屋敷は広く、長屋門などもあったためそこを貸して副収入にしていた。）

勝小吉の日記「夢酔独言より原文のまま」（ルビは著者による）

地主が小高でびんぼう故、借金取りが来てこまるといふから、引き受けて片を付けてやったが、夫《それ》から地面うちの地借《ちか》りが九軒あったが、地代も宿賃《やどちん》もろくろくよこさぬから、みんなたたき出して、おれが懇意《こんい》の者を呼で置いたから、其後は地代其外か届かふらぬから、悦で、やれやれといいおった。

葉山孫三郎のこと

地主が、或日、御代官を願うから異見《いけん》をいってやったら、大に腹を立て、葉山孫三郎といふ手代と相談して、おれを地面を追出そうふとしたから、孫三郎が来た時に、山口へ入《い》て御代官の務め方をいって、「おまえは最早五十余におなりなさるから、御代官は御止被成《おやめなされ》」といったら、「なぜだ」というから「御代官になるには、先《まず》、始は千両ばかり入りて、夫からいろいろ家作も大破《たいは》だから、二百両余りも入《いる》し、皆さんが支度にも百両と見て、若し支配へ引っ越しでもすると百両余もかかる故、二千両の借金が出来るから、其上に元締《もとじ》めがわるいと引負もできて、どのよふに倹約をして勤めても、三十年は借金をぬくにかかる故、子孫が迷惑して、其の勘定が立たぬと遠流《とおしまながし》又は断絶になるから、決して働きのない者が勤める役ではない」。といったら内中が発《おこっ》て、「地面を返してくれろ」、といいおるから、地面中へ触て、不足の地代宿代を不残集めて、おれが懐のいれていいて、のき場所を見付るに、折悪く脚気《かっけ》にて久敷《ひさしく》煩いていた故、あるくことができぬから、人に頼て、漸々江入町の岡野孫一郎といふ相地面に移たが、其時おれが地主へ地返すことの礼について、「御代官になったら五年は持ちまいから、どうぞ御心願が成就なすったら、ひくじらぬよふ専一に被成まし。おれが言事が違ったら生きては御目にかからぬ」といったら、「なぜだ」というから、葉山の成立を荒増しいって帰ったが、案の定、四年目に甲州のさわぎでしくじり、江戸へいって小十人組へ組入をしたが、三千両ほど借金が出来て、家も六つけ敷、大心配をして、御負に、葉山（筆者注、山口鉄五郎を葉山と書き違えたと思われる）はあがり屋へいって三年ほどかかったが、気の毒だからおれが一度訪ねてやったらば、「おまえの異見を聞ぬ故、かふなったが、どうぞ家は助けたいものだ」といって涙ぐんだから、かわいそふだから、だんだんと葉山の至を聞て、甲州の郡代へやる手紙の下書きを書て「是を甲州へ遣してごろふじろ。大方、奇特人がだまってはいますまい。五百やそこらは出すだろふ」と教えてやったら、きもをつぶした顔をして、早々甲州へ届けた。其後間もなく、六百両金ができたから、家は立ったが、今は三十俵三人扶持だから困っている。江戸の掛屋にも千五百両斗《ばか》りかりがある故、三人ふちは向け切りになっている。夫故に子供が月月、今に、おれを尋ねてくれる。夫から、ふとふしまいには、小普請入《こぶしんいり》をさせられて、百日の閉門で済んだ。其時の同役は井上五郎左衛門は、とふとふ改易になった。葉山も江戸の構えを喰《く》らったよ。

このような札付きの手代に付け込まれたことで、資金の調達の思惑は完全につぶされてしまった。

10　代官の交代

市川代官所の山口鉄五郎代官は、天保七年の天保騒動の不始末と、手代の葉山孫三郎による名主への裃《かみしも》の強引な高額売りつけや、立て替え詐欺など、膨大な金の着服を止められなかった。これら二重の罪が重なったため、石和代官所や甲府代官所の代官は代官交代が終わってから、天保騒動による刑罰の言い渡しは、九年の五月になってから行われている。それに対し、市川代官所の山口鉄五郎代官は八年の八月には謹慎の身となり、職務は出来なくなる。秋には江戸に戻され十二月十六日に牢《ろう》に入れられている。

そのあと天保九年の春から市川代官所の代官として赴任してきたのは、信州中野から転任した新進気鋭の小林藤之助という人物であった。天保七年八月はじめて代官に赴任した信州中野でも、天保の冷害を受けており、飢饉に苦しんでいた。苦しむ住民に、自らの金五十両の救援金を出している。初めて代官に赴任するには多額の経費が掛かる（山口鉄五郎代官が市川大門に赴任するとき、勝小吉の日記に赴任時に掛かる費用のことが書いてある）にもかかわらず自ら救援金を出しており、生涯お金には執着せず清廉な性格の人であった。甲州騒動の責任を問われ罷免された甲府、石和代官所の次に任命された代官を、伊豆韮山の江川代官と共に監督する責任を負わされた人物で、後に馬喰町御用屋敷諸代官筆頭までになった若き日の勤務地である。

小林家は百五十俵の旗本で、藤之助は小林十太夫の養子として小林家に入った人で、幕府の藩校「昌平坂学問所」を出ている。藤之助の息子、栄太郎も同じく昌平坂学問所を卒業しており、昌平坂学問所の教授になっている。弘化四年（一八四七）、に甲府の徽典館《きてんかん》（甲州は幕府直轄地であるため徽典館は昌平坂学問所の分校であった）の学頭（学頭に昌平坂学問所から二名が派遣されていた）小林栄太郎、榎本愛之助の二人で、学問に優れた旗本一家であった。この小林家は奇しくも松井家と同じ三味線堀の同じ町内ですぐ近くに住んでいた（江戸切絵図嘉永版一〇九頁を参照）。小林家は五百坪位の大きな屋敷であったが、松井家は五十俵と禄が少ないため一軒二百坪位で二十軒の集団住宅であった。二人とも同じ町内に住んでいて、幕府の旗本同士でもあった。このようなことからも松井渙斎のことをよく知っていたらしい。さらに西野村から申請のあった郷学の審査は勘定所で行っており、天保六年時点には小林藤之助は勘定所《かんじょうしょ》吟味《ぎんみ》方改役《がたあらためやく》に勤務していたので、松井渙斎のことも甲州に行って時習館の師匠になっていたことも知っていた模様である。小林藤之助は代官として甲州に赴任するにあたり、代官所の仕事をする手付数名の外に一人の家臣を伴って市川大門に連れて来ている。この家臣については後に記すことにして西野手習所の二代目師匠となる人であった。小林藤之助代官が赴任した時は手習所はまだ北村集落のお寺、宝珠院で教えていた。

代官は赴任すると挨拶を兼ねながら村々の実情などを見て回るが、その時手習所にも立ち寄っている。松井渙斎も八年の春に西野村に来て一年ほどたっていた。そのようなところにお代官様がやってくるというので緊張した雰囲気になっていた。その手習所での勉強は学則も作られており、西花輪村の清右衛門の家塾時習館で教えていた勉強法を取り入れていた。まだ仮学舎であったことから、学舎建築の間取りの細かなことや、学舎が出来てからの学則をも村役の人と相談中であった。子供たちには始めて入門した小さい子供には、いろはの読み方から書き方を教え、それが出来るようになると漢字で書かれた実語教《じつごきょう》や、庭訓往来《ていきんおうらい》など、漢字を覚え、さらに進むと四書《ししょ》、五経《ごきょう》などの漢字で書かれた本を、声を出して読む素読《そどく》という丸暗記の勉強をしていた。このような勉強方法はどこの寺子屋でも同様の教え方だった。仮学舎で勉強をしているところに小林藤之助代官がやってきた。

小林藤之助代官には心に秘めた思いがあったと思われる、それは前代官の時に起こった盆地中を荒らしまくった天保騒動（甲州騒動）のようなことが二度と起きないようにすることだった。この暴動に加わったのは多くが下層に暮らす人たちだったこともあって、どのような人でも道徳心を会得していれば、甲州一揆のようなことも起こらないであろう、手習所を視察した際、これを教科書として使いなさい、と帰ると直ぐに次の冊子を届けさせていることからも察することができる。ひらがなが読めれば誰でも理解できる分かりやすい、「六諭衍義大意《ろくゆえんぎたいい》」と「前訓略《ぜんくんりゃく》」であった。

人々の感情をやわらげ共に助け合いながら暮らしていける考え方と、それを実践に導いてゆく冊子で、これらの手本を和讃《わさん》と呼んでいた。小さな子供はこれらを書き写してもらい、大きな子供は自分で書き写して手本とし、声を出して覚えていった。小林藤之助代官はその成果を知りたくて子供たちを代官所に招き、代官自身が子供たちに吟味《ぎんみ》（試験）を行っている。西野手習所のような創られ方の郷学は、代官所が何らかの関わりを持つことも承知していたと思われる。西野の大人の人たちもその成果と親身になって指導と励ましに喜んだと見え学舎が無事完成、新しい建物に移った報告書の中にも感謝の言葉が書き添えられている。

この手習所で学習した子供たちの成果が広く住民にも活かせるのではないかと、松井師匠に「前訓略」の管内配布を打診する。師匠もそれに賛同、復刻版の下書きを了承し、印刷している。多くの印刷のため次の高山又蔵代官になってから、領内の家々に配布している。小林藤之助代官は市川代官所に赴任している間、西野手習所に多くのことを残している。前記の前訓略の配付事業もその一つであるが、子供たちを代官所に招いて行っている吟味と指導、さらに松井師匠の江戸帰還と二代目師匠の宮浦東谷との交代、手習所の運営の安定に深く関わっている。

小林藤之助代官は天保十四年春まで市川代官所に勤め、その後甲府代官所の代官として異動している。市川代官所は高山又蔵代官に代わるが、三年後の弘化三年、再び小林藤之助代官は市川代官として一年間市川大門に名前が載せられている。その時の一年の交代は小林藤之助自身の働きかけによるものと考えられる。

11　学舎の建築

天保九年春に、新しく着任した小林藤之助代官は村々を挨拶回りの折、仮学舎の宝珠院にも立ち寄っている。代官が立ち寄ることから、手習所総代の手塚幸蔵も同席している。

その折、松井渙斎師匠には道徳の教本の話を、総代の手塚幸蔵に対しても、手習所認可からもう足掛け三年にもなっているのにいまだに寺の庫裏のままなのはなぜかという苦言に話が及んだらしく、総代の幸蔵は新任の代官に、代官所の代官まで絡んだ塩の取引や葉山孫三郎の顛末など、言い訳がましくその場で説明出来なかった模様である。この一件があったからであろう、九年の夏から整地が行われ、建築が始まっている。建築場所は、手習所願書にも書き上げた西久根の芝地千二坪をあてている。この場所は西野村のほぼ中央部で、八幡神社の南隣に位置し、周りは椚林、西は松林という未開拓の処であった。すこし離れた南に椚集落、南西の池ノ端《いけのはた》集落までは五百メートル位、その途中に野守《のもり》の家が一軒あるだけで、西北の巻屋《まきや》集落までは二百メートルほど人家から離れた場所であった。そこに平屋建て、東側に師匠の住居を兼ねた二階建ての部分を付けた学舎の設計であった。

その間取りは手習い教室三十二畳、寄宿生座敷十畳、教師居間四畳、応接所四畳、授読所《じゅどくしょ》八畳、客間八畳と四畳、客間上の二階は同じ広さで、師匠家族の部屋、周りは三尺の廊下が付けられた間取りであった。この時の大工は鏡中条《かがみなかじょう》村の良助で、建物の外に戸、障子、唐紙、ひさし、便所も仕上げている。建物の材料の屋根笹《ささ》板《いた》二百七十五把、材木は蘆倉《あしくら》村の松右衛門より購入。畳は甲府の片羽《かたば》（泉町）の孫兵衛に注文している。屋根の職人は、下今諏訪《しもいますわ》村の与十郎に頼み、美濃紙《みのかみ》は市

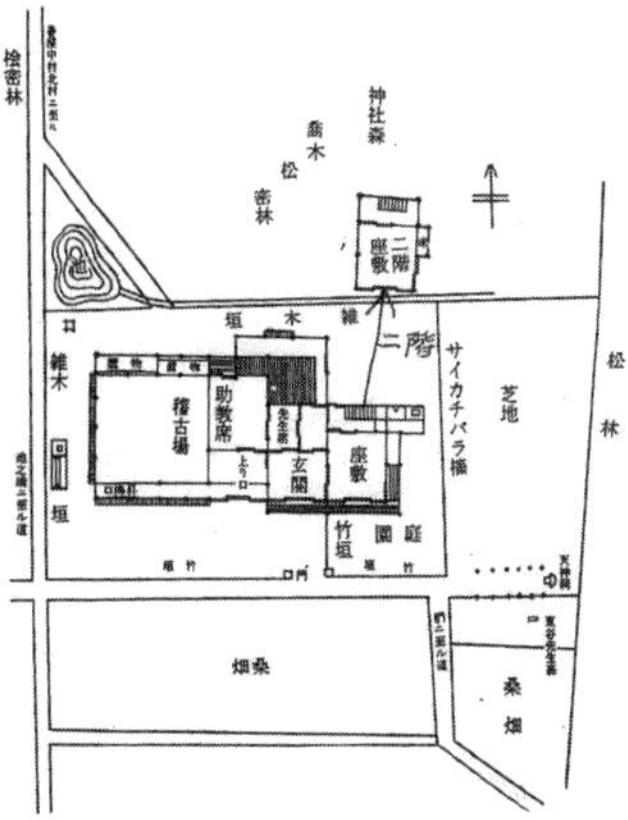

西野手習所学舎間取図
（100周年記念誌より）

川大門村の亀田屋善左衛門から取り寄せている。敷地西側と南北には竹垣が結われ、東境には生け垣が植えられた。建物の東には芝地を残し、子供たちが遊べる広場とした。

西野村は生活に必要な水が不便な場所で、一里半（六キロ）ほど離れた山側の御勅使川から水路を掘り、この堰《せぎ》（水路）に、月に何度か水を流してもらって、溜池に貯水してその池の水で生活していた。手習所を建築した場所は集落より離れているため堰（水路）も無かったことから、上八田村の井戸掘り職人を頼み、二丈五尺（七・五メートル）の深い井戸を掘り水を賄った。これだけ深い井戸でも大勢の子供たちが使うのには水が足りないため、弘化元年、住民に協力してもらい巻屋集落より水路を掘り、井戸のすぐ北側に溜池を掘っている。

学舎は十年の春までには完成した。三月には宝珠院から机などの学習用品を新しい学舎に持ち運び、四月に西野手習所新校舎の完成式が行われている。新しい学舎の建築経費は総額三百八十九両五分の支出であったが、その時の諸入用控えによると、そのうち三百五十両は幸蔵自らの資金で賄っている。何回かにわたり塩の売上

西野手習所学舎（100 周年記念誌より）

西野手習所師匠住居の部分
（昭和 26 年まで使用されていた）

金が内藤清右衛門から幸蔵に渡されているが塩買入の前渡金の返済に回されている。塩による取引で利益を出しその利益で学舎を建てる算段であった。しかし葉山孫三郎によって儲けるどころか大きな負担を背負うことになってしまった。その責任を痛切に感じていたものであろう、ほとんどの費用は幸蔵自のお金で学舎を建築している。この時の幸蔵家の家計は相当厳しかった模様で、九年暮には年貢が納められず畑の二か所を百々村の質屋、秋山家に質入れしている。

次の天保十年にも畑と屋敷、他村の他所まで質入れしなければならない状況に陥っていた。その後になってもほかに畑を質入れしたらしく、天保十五年、闕所（財産没収）の刑罰を受け、幸蔵の死亡後も今までの幸蔵家の財産目録より畑の面積が少なすぎるので、代官所から手塚幸蔵の地所取り調べのお尋ねが、名主の中込佐次兵衛に出されている。

このあとさらに過酷な運命が待ち受けていた。

12　塩取引の結末

学舎建築資金獲得のため塩の取引を代官所に申請した。幸蔵たちの塩取引は順調にいったらしく、売上金が清右衛門から幸蔵に入金された順に何回も手渡されている。この状況を見て、葉山孫三郎は、塩の高騰対策として安価供給に使えると見たのではなかろうか。

三回目の注文では契約金は幸蔵が出し、契約は葉山孫三郎がしている。この三回目の注文をしたころから代官所が騒がしくなってきた。この騒ぎは塩の取扱業者からではなく市川代官所管内の村の代表が立替金を返せ、との請求であった。

これは天保四年から続く冷害に苦しむ住民に冷害救済金が幕府から出るので（実際は出なかった）、出るまで立替えてくれないか、と冷害の被害が少なかった村から金を立替えさせたものであるが、その返還期日が八年四月末日になっていた。ところが期日が過ぎても返済がされないので、返してくれと村々からの押しかけであった。代官所での葉山孫三郎との交渉では埒《らち》が明かず、九月と十月、江戸で駕篭《かご》訴《そ》が起こされてしまう。葉山孫三郎はこの時点では金が返せる状態ではなかった。村から出させた救済金は山間部の貧しい村などには支援金として僅かばかりの金を配ったが（前項、河内の村々からの嘆願書にも支援金があったことが書かれている）、ほとんど自分が使ってしまった。使用したのは江戸の自宅を豪華に新築し、さらに庶民には相応《ふさわ》しくない庭に見事な泉水を作り上げてしまっていた。その支払いに使ってしまったため村に返す金は使いつくしてしまっていた。金が早くほしかったためなのか四割も安い金額で塩を売り捌《さば》いている。それでも三回目の取引で利益が出たらしく小額の村には返済された模様である。

葉山孫三郎の返済金額は二千両程もあったことから、すべてを返せず幸蔵に泣きついたものと思われる。今回の塩の取引は学舎建築の資金を捻出するためのものであった。それなのに幸蔵の所に救済金を用立てた村からの返済書類が残されているので、塩の取引による学舎建築資金はどうやら葉山孫三郎の私欲の渦に巻き込まれてしまった模様である。

本来なら八年には学舎の建築に手を付けるはずであったが、建てる場所の土地整備にも手が付けられていない。学舎建築が始まったのは天保九年、市川代官が小林藤之助に代わり、代官の手習所見回りで催促されてから始まっており、この時の建築支払帳には総額三百八十九両五分かかり、そのうち三百五十両が「貸し」と記されている。塩からの利益でなく幸蔵の資産から支出したのだろう。塩による利益はこのような経緯で建築資金として使うことが出来なかった。葉山の一件がなければ塩の利益で学舎が建てられたと思われる。

ところがこの葉山孫三郎に泣きつかれて出した金の返還はどうなったのか。葉山孫三郎は江戸の家を売ってそれで返却することで幸蔵を説得したようであったが、しかし事はうまくいかなかった。冷害救済金立替えの金は、幕府から救済金が出ないのに、出るからと初めから偽りの話であるし、さらに二度にもわたる駕籠訴は重大な問題でもある。さらに強引な塩取引などの問題があることから、天保八年暮には山口鉄五郎代官と共に江戸に召喚されてしまう。幕府からの言い渡しは、財産没収と代官所で雇い入れることを禁止され、さらに江戸払いで江戸を追い出される刑を受ける。財産没収になってしまったので幸蔵が弁済したお金は全く返済されていない。このような甲州騒動や救済金詐欺事件について山口鉄五郎代官と葉山孫三郎の刑罰に対し、庶民はどの様に見ていたものなのか住民の意見はわかれている。

甲州騒動で被害にあった村では代官の働きに不満を持って悪くとらえている。いっぽう代官所の山口鉄五郎代官と手代の葉山孫三郎が事件として江戸に召喚した時、河内《かわうち》（富士川沿いの甲州南部の地域）の村々からは市川代官所の代官始め手代は素晴らしい善政をしたから代官所を辞めさせないでくれ、天保八年の十一月にそのような嘆願書が出されている。同じ嘆願書には救済金を出し、駕篭訴まで起こしたはずの桃園村の名主が署名している。そのことから見ると立替金はすべて返還されたからであろう。

さらにお金を出した村にその弁済をした、実際には被害に遭ったはずの西野村の名主、幸蔵の署名もある。このことから救済金立替金は二度もの駕篭訴があり、ほっておくと重罪になる恐れがあることから、幸蔵によってすべての返済を済ませたものであろう。返済されれば別に悪代官、悪手代と罵《ののし》ることもなく、塩が安く入っただけでもたいへんな善政である。それで代官所管内の村々から市川代官所役人永勤嘆願書（引き継いで代官所に務めてほしい嘆願）が出されたのであろう。このことは勝小吉の日記にも、山口鉄五郎が牢に入れられ小吉が慰《なぐさ》みに行くと、借金が多く困っていると泣くので、市川に山口の現状を手紙で出したら奇特人もいるだろう。と手紙の下書きをして渡した、そしたら六百両送られてきたので驚いたと記されているように上に立つ幕府の目と、百姓（普通の庶民）の見方は違っていた。ともあれ塩の取引ではこのような結末になってしまった。

この塩の取引に幸蔵はなぜ悪知恵に長けた葉山孫三郎の口車に乗って弁済までしたのか。塩の取引は、学舎建築資金調達のためである。毅《き》然《ぜん》と断われなかったのか、これにはもう一つ弱みがあった。幸蔵にはほかに大きな問題を抱えていた。天保三年の干害それに続く冷害で、多くの土地を持ち小作に出していた田圃の米が不作で、小作米が入らないうえ、世間が不況になってしまい屋真ト油屋は今までのような売り上げが伸びないし、売掛金も順調に入らずにいた。そのため商売上の税金である冥加金を代官所に払うことが出来ず、春米村の小林小太郎から天保六年までの四年間に清右衛門と幸蔵は金を借り、代官所に支払いを済ませていた。この借入金は二千両にもなっており返済が滞っていた。この両者の間でもめごとがおきていた。代官所も貸主との間にいざこざが起きると、代官所も冥加金が滞り幕府に顔向け出来ないため、すっきりさせたいこともあり、山口鉄五郎代官の口利きもあり、江戸の甚左衛門町《じんざえもんまち》の両替商「とよ」から融通してもらい、小林小太郎からの借用金をこれで返済をすませている。弱みに付け込まれた不承不承《ふしょうぶしょう》の立替えではなかったろうか。

13　手習所総代の死

とりあえず借金は返したものの貸主が代わり借り換えただけで、借金は変わらず残ったままであった。借入金の返済は急いではいたが冷害は九年まで続き、不況は収まらず思う様に商売が出来なかった。返済を予定していた葉山孫三郎は行方知らずで音さたなしであった。それらが重なり屋真十油屋は赤字続きの火の車になっていた。

このような時に代官が山口鉄五郎から小林藤之助代官に替わり、村巡回の折、手習所の建築を急《せ》かされたことから、天保九年の夏から手習所の敷地整備が始まっている。夏の終わりには手習所の棟上げ式も終わり、建物の姿がみられるようになったころから、幸蔵は病気がちで寝込むようになってしまう。そのため今までのように商売が出来なかった。それらのことも重なり、江戸の両替商から借りた金の返済

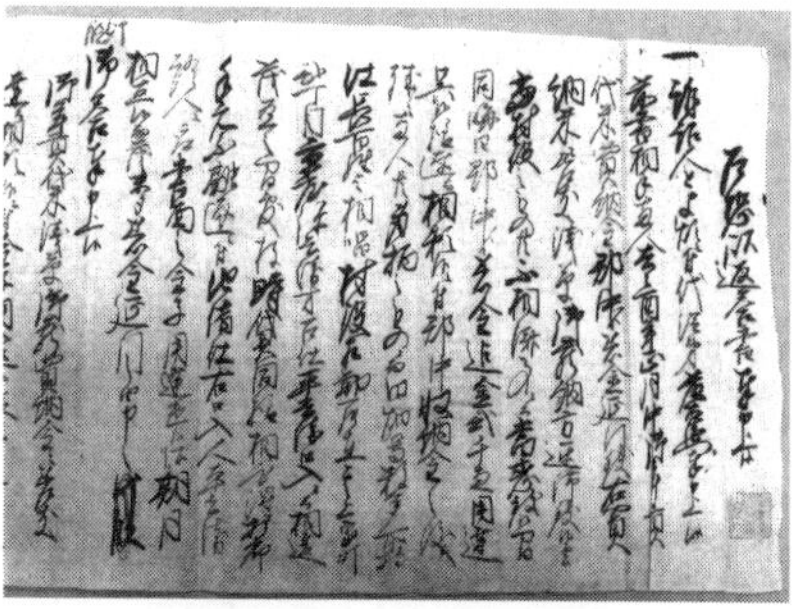

幸蔵より二千両一件に付
小林藤之助代官宛弁明書
（山梨県立博物館蔵）

が滞ってしまった。

返済が滞っていたため両替商とよは寺社奉行に訴え出た。そのため寺社奉行より事情聴取の呼び出しを受けたのが天保九年の十二月、この時幸蔵は病気が重くなり出頭出来ず、代理の番頭が出頭している。年が十年に改まり、快方に向かったので次の呼び出しには出頭している。この時、葉山孫三郎も出頭している。塩取引の売上金は、冷害救済金として村に立て替えさせたお金を、塩の販売で得た利益で村に返金している。その立て替えをさせた張本人に証言してもらうためであった。

葉山孫三郎は八年暮れには刑を受け、江戸払いになっていて行方不明になっており、この証人探しに清右衛門は方々を探し求めたらしい。その間の呼び出しに出頭しなかったことから、清右衛門はこの事件から逃げたと勘繰られている。さらにこの借用の保証人になっていたため裁判の後、破産をしてしまった。幸蔵は事情聴取中にあっても屋真十油屋は相当苦しい経営であった模様で、前にも記しておいたが九年の暮れには畑を何か所か百々の秋山家に質入れし年貢を払っている。十年にも畑と屋敷の一部を同じ秋山家に質入れしなければ年貢が支払えないほど苦しい状況のため返せる見込みはなかった。そのため天保十年四月、両替商から幸蔵に対して返還裁判が起こされてしまう。

その後も取り調べは三年にも及び、その間も返済が完了しなかった。そのため幸蔵の判決は有罪となり、十三年四月に江戸で牢に入れられてしまう。それと同時に闕所（財産没収の刑罰）を言い渡されている。牢屋に入れられた時すでに病気も進んでいたようで、息子の松吉から病を気遣い、再三に亘り牢からの出所を嘆願しているが聞き入れてもらえなかった。三か月にも及ぶ牢での暮らしで病も重くなってしまい、ついに天保十三年六月末、追放処分となり家に戻される。この時の幸蔵は往時の気迫も失せてしまい、ただ無念の心境ではなかったろうか。帰宅も間もない数日の翌月七月五日、五十二歳でこの世を去っている。

ちなみに西野手習所の創立に関わった幸蔵、清右衛門、重左衛門三名のその後について記しておきたい。清右衛門は詐欺事件を起こした葉山孫三郎が、八年暮れに幕府から財産没収と江戸払いの刑を言い渡されていたため、江戸からはなれ行方が分からなくなってしまっていた。幸蔵の塩取引の重要証人であるため、裁判の証人として証言が必要であった。しかし行方が分からず、清右衛門の行方は、葉山孫三郎を探し求めていたために分からなかった。その間の呼び出しに出廷出来なかったため、逃げたと勘繰られている。それと幸蔵の借入金の保証をしていたため幸蔵の判決より前に破産してしまった。

それがもとで時習館も閉鎖になってしまう。弘化三年十二月に亡くなっているが、息子は江戸で浪人になってしまい（「林鶴梁日記」）墓標も建ててもらえなかった。孫の代になって復活している。

幸蔵の処は多くの土地と屋真十商店を運営していたが、この裁判で闕所（財産没収）の判決を受け潰れている。幸蔵には先妻と後妻のそれぞれに子供がいて子供たちは屋真十油屋で独自に商売をさせていたらしく、子供たちの財産は没収されなかったようでこの時独立させている。家を継いだのは後妻の子供八兵衛で、その子正次氏は衆議院議員になっている。この時幸蔵の墓標が建てられている。その後住まいを東京に移したことから、墓終《はかじま》いをしてしまった。墓のあった宝珠院の早川賢之住職の計らいで、幸蔵の墓標は昔の墓域に残されている。

重左衛門は塩購入資金の保証をしていたため清右衛門より早く破産してしまっている。重左衛門の長男もそのあおりをうけ復興出来ず、その墓は文政年間まで暮らした旧屋敷墓地の最後に、先祖より格段小さい墓標が建てられている。次男が五十過ぎになり再興させていて、その子豊氏は村長も経歴、大正から昭和初期、日本でも屈指と呼ばれた果樹産業の基礎を作り上げた人である。

このような結末のため、今までは不足金の補填の多くを賄ってきた三名が出金不可能になってしまい、村の経費からも出しきれず、運営のすべてを子供たちの謝儀で賄うことになってしまった。その中から手習所の経費も出さなければならず、とても師匠に満額の給金を出すことは出来なくなってしまった。そのようなことから村役の人たちは師匠に手習所の一時休止を願い出た。しかし師匠はそれを拒《こば》み続けたと伝えられている。

師匠にとっては子供時代、低禄の旗本で家計の苦しさは嫌というほど味わってきているのであまり意にも返さなかったという。それよりも自分が西野に来るにあたり、手習所創設の手続きから願書の提出にこぎつけ、学舎建築の資金作りには幕府の役人である代官や手代に翻弄された上に、罪を着せられ、財産もなくし挙げ句は命まで失わせてしまった。自分の為に起きてしまったこれらのことを目の前で見ているだけに、満額の給金が出せないくらいのことで休止してしまうようなことをしたら、それこそ旗本としての資質さえ疑われてしまう。そのような思いを後に村役人（民右衛門）に語ったと伝わる。村役の人たちもそれでは立つ瀬がないと、また代官所に永続金百五十両の許可をもらい、近隣の村々にも援助をお願いしたが、永年の冷害に苦しんできたため計画倒れになってしまった。

師匠も村人の心配の配慮に甘えるだけでなく、村役の家や宝珠院を使わせてもらい、村人の希望者に書や絵を教える「書画の会」を開いている。この会の指導には師匠仲間として交流もしていた隣村の中込真貫《なかごみしんかん》、沢登為一《さわのぼりためいち》にも来てもらい師匠と

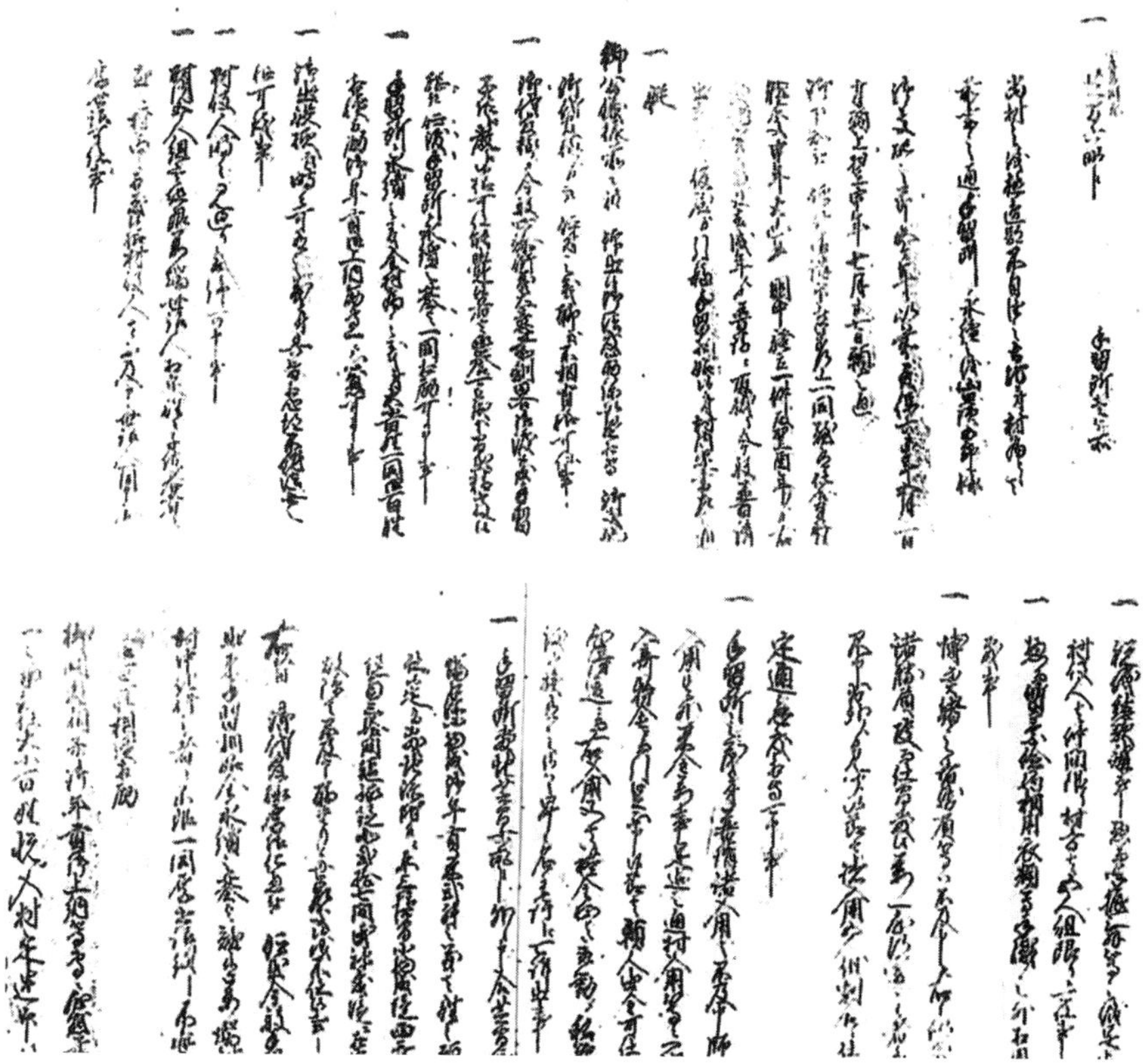

西野手習所永続村定（切刀幹浩家文書）

一緒に書や絵を教えている。この時に教えを受けた人たちから桟敷銭が徴収され運営費に組み込まれている。苦しい運営の中にあっても楽しみの少ない農民にも文芸に親しむことを教えている。この書画の会で学んだ近在の人たちの作品も今に伝えられている。

三代の師匠

14　師匠の来村

天保八年新春早々、学舎建築の費用を捻出するため塩の取引に乗り出し、予洲（現在の愛媛県）での塩産地からも快諾を得ることが出来た。この塩の取引が出来たのも運よく前年に四国伊予《いよ》の西条《さいじょう》藩藩主松平頼学《まつだいらよりさと》が、先祖の菩提を弔うために身延《みのぶ》山久遠寺《さんくおんじ》に参詣に来たついでに甲州の塩流通事情を調べたからである。藩主の行動だけに事前に代官所に通達があったものであろう。それでこのような幸運な取引をすることが出来たのではなかろうか。千石船一艘で塩俵十二貫目入り(四十五キロ)で千八百俵その金額三百三十両ほどで契約出来た。

何回かの取引をすればその利益で学舎も建てられるし、運営費も工面出来そうである。このような幸先の良い取引の契約が出来たことから、松井渙斎師匠には天保八年の春四月に入ってから西野村に来てもらうことになる。

西野手習所は認可されたとはいえ、ようやく学舎建築の目鼻が付きそうという状況で、勉学の場としての既成事実を作るために手習いをしていた北村集落のお寺、宝珠院の庫裏（嘉永時代に焼失）が発足時の学舎となった。仮学舎の宝珠院に松井渙斎師匠に来てもらい、西野村の人たちも集まり、正式に郷校である「西野手習所」の発足式が行われている。しかしお寺の庫裏での学習と師匠もそこで生活してもらうことから、まず師匠一人で来てもらい、生活の面倒は住職の龍山耕雲《りゅうざんこううん》大和尚に見てもらえることになり、学舎が出来るまでこの庫裏で暮らすことになる。正式に手習所の認可を受け、旗本の師匠が来るということで、西野村の人たちばかりでなく近隣の村々にも新たに子供たちの入門を促す知らせをしている。

宝珠院庫裏

　松井渙斎師匠が西野にやってきたときは江戸幕府の幕臣である旗本とは、いったいどんな偉くて凄い人だろう、と興味津津であった。その出で立ち（身なり）はこの付近では見かけない黄色地の着物であったし、以後もいつも黄色の着物を着用しており本人も「黄衣道人《こういどうじん》」と称していた。初めて子供や西野の人たちに自己紹介の挨拶をした後、懐《ふところ》から笛を取り出し演奏してくれたことであった。この辺りでは笛を使うのはお祭りの時、祭り囃子で使うくらいで、音楽として笛を楽しむ人など全くいなかったものだから、子供たちも大喝采であった。さらに琴まで持ち出して演奏を始めたものだから全員が大喜びであった。笛は明笛《みんてき》（明楽《みんがく》で用いる横笛）と呼ばれる竹で作られた横笛、琴は昔在原行平《ありはらゆきひら》が須磨《すま》に流されたとき庇《ひさし》の板で作ったという一弦琴《いちげんきん》。明笛は出掛けるとき、良く持ち歩きそこで演奏した模様で、後に徽典館の学頭として甲府に赴任した乙骨彦四郎《おとこつひこしろう》の記録にも、現在白根東小学校に保存されている松井渙斎師匠の肖像画の讃《さん》（ほめたたえる言葉）の中にも笛や琴を演奏した様子が書かれている。

はじめ江戸の旗本と言う話だったから、さぞおっかない武士だと思っていた子供たちも大人もこれらの楽器を演奏してくれたものだから、いっぺんに緊張がほぐれ親しみを持って迎え入れてくれたと伝わる。いよいよ手習いを始めたとき、子供たちが戸惑ったのは今までの和尚さんの教え方とは違っていたことだ。和尚さんの字の書き方は唐様《からよう》（楷書、字画を崩さずきちんと書く書き方、和尚さんは仏典を読むため崩さない字を用いていた）で教えてもらっていたが、松井渙斎師匠の文字の書き方は御《お》家流《いえりゅう》（文字の崩し方の流派）と呼ばれる崩し字であった。この崩し字の書き方は、江戸時代、幕府はじめ各藩の公文書に使われていたことから、幕府の昌平坂学問所も、郷校も、各藩の藩校も郷校も、さらに私塾である庶民の寺子屋も御家流の崩し字を教えていた。（現在は楷書だけでの学習なので、江戸時代の御家流の書体は同じ字でも何通りもの書き方があり、さらに個人の書き癖もあるので、外国語を読むことより難しいことになってしまった）。

「西野手習所発祥の地」碑
（宝珠院）

教科書も今のように簡単に買い求めることは出来ないため、時習館で使われなくなった本を回してもらい、大きな子供たちは自分で書き写し、小さな子供は師匠が書いたものを与

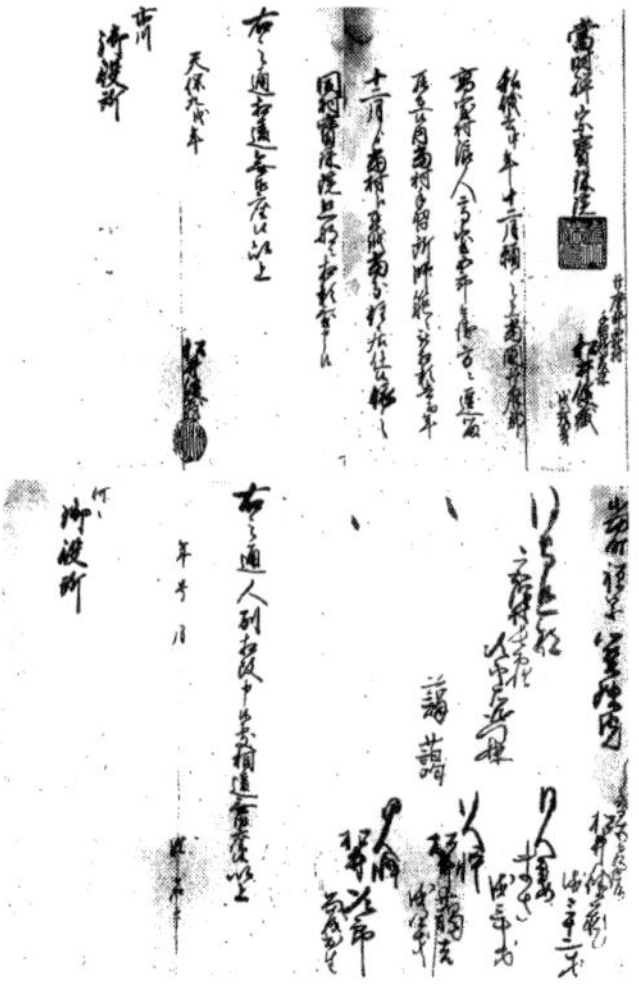

松井渙斎（健蔵）宗門届
（芦沢尉家文書）

えられ、学習してゆく。子供たちの学習の合間にも、まだ手の付けられていない学舎の建築のため、手習所総代の手塚幸蔵は、師匠や村役の人たちと相談しながら学舎の細かいところや使い勝手など詳細を詰めていた。

いっぽう宝珠院の和尚さんは歳を取っていたものだから（天保十二年示寂、死亡）師匠の面倒をみるのが容易ではなくなったことと、来年には学舎の建築も始まる状況になったため、暮れの十二月になってから家族を呼び寄せることになる。松井師匠は高室家に居たとき結婚しており二人の子供がいた。長男は四歳になっていて、次男は生まれたばかりであった。次男は環境の変化などのためか西野村に来てから亡くなっている。その後学舎が完成し、新しい学舎に移ってから女の子が生まれている。

15　松井渙斎の生い立ち

松井渙斎は、文化三年（一八〇六）一〇月、幕府の旗本松井昭融《あきみち》の次男として、江戸浅草鳥越三味線堀《とりごえしゃみせんぼり》の旗本拝領屋敷で生まれている。松井家は旗本としては家禄五〇俵三人扶持《ふち》だった。五十俵は年俸、家臣の禄《ろく》（給与）は幕府成立時の働きで決められ、長男がそれを引き継ぎ、代が替わっても同額。役替わりすると役高はその時だけ付いた。次三男には禄もなく幕臣としての職もなかった。そのため他家の養子になるか、大きな旗本の家臣になるか、生家の禄が多ければ生涯居候《いそうろう》で暮らした。松井渙斎のように塾の師匠をする人もいた。

三人扶持とは食事手当のことで、一日一人五合あての米が現物で支給された。これは一家で三人分の支給ということで、家族が多くても決められた量だけであった。旗本の家禄（年俸）は知行取《ちぎょうとり》と現米取《げんまいとり》があり、何万石と大きな旗本は、自分が管理する村々の米の収穫量が何万石あり、その収穫量の四～五割を税として貰うことが出来る。それが幕府から与えられた年俸となる。

いっぽう禄の少ない旗本は米俵で支給され、何俵取の禄の家と呼ばれた。米は現物で来るのではなく書類で来るので、それを蔵前に持っていきお金に換えていた。当時天保時代、米一石（一俵三斗五升入りなので三俵で一石と五升になる）当たり一両であった。一両は現在の価格の目安として様々な試算があるが、二十万〜三十万円とされている。松井家の年俸は五十俵なので、十七石五斗で十七・五両になる。勝海舟の父親、勝小吉も同じ旗本で五十俵の家禄であったが、様々な仕事をしなければ生活出来なかったことが書かれている。

このような薄給であっても旗本はいざ戦いになると武士であるから、槍持ちなど家臣を連れて戦場に赴かなくてはならないので、五十俵でも若党に草履取《ぞうりとり》の下僕《げぼく》は連れている、と言われていた。だが薄給の家禄では一人でも雇うことが出来ないので、上役の挨拶回りや行事参加にはその時だけ臨時に雇い入れて済ませていた。

旗本と御家人の違いは将軍にお目見え出来るのが旗本で、出来ないのが御家人の区別であった。旗本の拝領屋敷は長屋門を持つ広大な敷地をもっていたが、それは

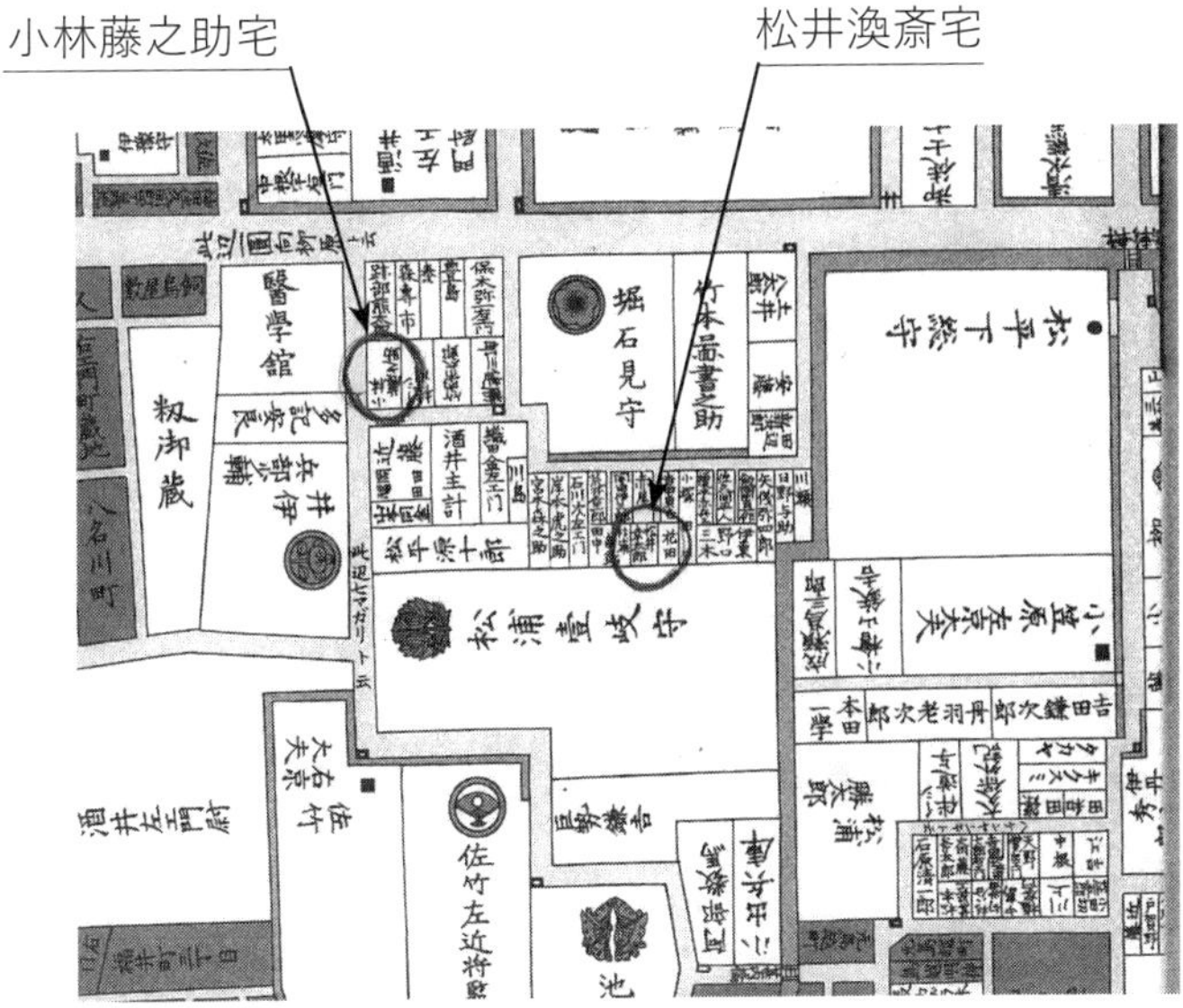

嘉永・慶応江戸切絵図（人文社）
東都浅草絵図一部

知行地の農民が来ても恥ずかしくない広さを与えられていたという。およその目安は一万石の旗本だと三千坪、千石で七百坪、五百石で五百坪位、これより大きかったり小さな屋敷の家もあった。松井家は二十軒の組屋敷の中ほどの奥に入った場所で、江戸切絵図嘉永版では屋敷は二百坪より小さいくらいである。

　松井家の近くには、表通りを出た正面が堀石見守の上屋敷があり、屋敷沿いの道を金手に曲がった四軒先が、西野手習所に大きな関わりを持つことになる市川代官所の代官小林藤之助の家がある。表通りを右に金手に曲がると三味線のような形の堀に出る。この堀を三味線堀と呼んでいた。家から真っすぐ南に行くと浅草御蔵の港と倉が並び、その前の道を左に行くと浅草御門に、右に行くと浅草寺に出る。そのようなところで少年時代を過ごしていた。武家の男児は小さい時から、日常の礼儀作法はじめ、言葉遣いや、人前に出て挨拶をさせたり、父の代わりに礼回りなどさせていた。手習い、武芸などのほか行動規範、言葉遣いに至るまで、世間の見識と道徳は責任をもって父親が教え込んだ。教えは長男ばかりでなく、次男も長男が何時亡くなって(子供の死亡率が高かったため)家が断絶してしまうことのないよう心がけていた。

子供の時の手習については浅草御門の近辺には旗本の子供を教える塾が沢山あったが、松井渙斎(健蔵)が小さい時からの師匠の名前は伝えられていない。橘守部《たちばなもりべ》(一七八一～一八四九)も教えを受けた一人である。後に西野手習所で教えを受けた青《あお》島貞賢《しまていけん》(松井藤七郎の項参照)は松井渙斎の紹介で橘守部に師事している。橘守部は深川から浅草弁天山に移り住んだ儒者で「人は心を治めることが大切で、音楽は精神修養にまた趣味としてもだいじなもの」と教えており、松井渙斎が須磨琴をあやつり、明笛の名手で音楽を嗜んでいたことは彼の教えを受けたからであろう。橘守部は赤城山麓にある桐生機屋たちの資金援助で浅草に移り住むようになり、桐生からの門人が大勢いた。その中に唯一女性の田村梶子《たむらかじこ》という人がいた。この人は桐生機屋の娘で、十七歳で江戸城大奥の祐筆《ゆうひつ》（書記役人）となり、三十一歳で辞して家に戻り婿を迎え、文化十二年（一八一五）機屋をする傍ら塾「松聲堂」をひらいて子供たちを教えていた。松井渙斎はそのような環境の中で力を付けていったのであろう。

渙斎はもう一人上州《じょうしゅう》（群馬県）の人に影響を受けている。内藤清右衛門の処に来た関文太郎という儒者である。この人は赤城山の南麓沼田の人で、字は子敬《しけい》、号は赤城《あかぎ》、吉十郎と名乗り、西野の重左衛門の子孫芦沢尉《あしざわやすし》氏が言っていた「赤城」がこの人であることが判明した。この赤城という人物は、いろいろな経験をした後、内藤清右衛門の処に来ている。沼田の清水屋という荒物商《あらものしょう》の子供で、学問が好きであった。ある時江戸に荒物の仕入れを任され出向いたが、仕入れのために持参した大金のすべて書籍を買うのに使ってしまったという逸話が残る。関松窓《せきしょうそう》の養子になり浅草見附近くで勉強し開塾している。

天明の時代に入ると天候は悪化、東北地方は大飢饉になる。その頃蝦夷地《えぞ》(北海道)にロシア人が交易を求め来航していた。幕府は天明五年(一七八五)、田沼意次《たぬまおきつぐ》が老中の時、蝦夷地の赤人《せきじん》(ロシア人)の進出調査と蝦夷地の物産調査のため、神通《じんつう》丸《まる》と五社丸《ごしゃまる》の二艘の船で見分隊《けんぶんたい》を派遣している。伊能忠敬の蝦夷地測量の寛政十二年(一八〇〇)の一五年前である。

調査隊員に選ばれたのは幕府普請《ふしん》役の山口鉄五郎、庵原弥六、佐藤玄六郎、皆川沖右衛門、青島俊蔵で、これらの下に若く学識のある人物を家臣として連れて行った。この時関文太郎は青島俊蔵の下役として見分隊の調査に加わっている。二年の調査を終え帰ると将軍徳川家治《いえはる》が亡くなっており、家治のもとで老中をしていた田沼意次は罷免《ひめん》されていた。次の老中松平定信は蝦夷地一件を差し止めにしてしまったため、二年かけて調べ上げた蝦夷の報告書は受け取ってもらえず、かえって罪人扱いになってしまう。この時上役だった山口鉄五郎は「御用無之候間勝手帰村」(役目はもう無いから元の村「部署」に帰りなさいの意)という処罰であった。

この人は相当出来た人らしく、処分を受けながらも定信のもとで再び下野国（栃木県）の武蔵代官になっている。

同じ名前の人物が、天保三年に市川代官所の代官になっているが、この人の息子である。関文太郎は江戸にもどり元の塾を再開する、ここには幕臣子弟の入門者も多く、柳川藩や、福岡藩の藩邸に行き講義している。丸岡藩では江戸の藩邸内に関のため学舎を建てるほどの儒者であった。

さらに関の経験は思わぬところで生かされてくる。文化二年、松平定能が甲府勤番支配に任命されたとき、甲州の地誌を作るよう内命を受ける。甲斐国志の書、資料収集のため廣澤勇八、佐久間寛司、斎藤伝兵衛、黒木宰輔、関文太郎、橋本等の人たちが、松平定能の家臣として甲州に来ている。文化四年、定能が江戸に転任したため、編纂場所を西花輪村の内藤清右衛門の自宅に移す。関たちはここで甲州の村々の資料を収集の傍ら清右衛門の家塾、時習館に習いに来ている子供に教えている。甲斐国志が完成したのは文化十一年であるが、関文太郎は甲斐国志の完成を見ずに文化五年（一八〇八）十一月、四十二歳という若さで亡くなってしまう。

16　松井渙斎の来甲

松井渙斎が西花輪村の清右衛門の家に来たのは文政十三年（一八三〇。十二月九日より天保元年）。なぜ縁もゆかりもない、見知らぬ甲州に来たのか記録には残されていないが、清和源氏《せいわげんじ》にもつながっていて、甲州に縁がある家系であると伝わる。家系図は西野小学校百周年（昭和十年）の時、孫の等氏より提示され確認されている。それによると清和源氏の六條為義《ろくじょうためよし》十三男、松井備中守惟義《びっちゅうかみこれよし》九代目が慶長七年常州水戸から出兵、徳川の時代になり旗本に列せられた。この縁だけで甲州に来たものなのかさだかではない。口伝として内藤清右衛門家の三男親広（芦沢重左衛門）が残した「赤城の跡を訪ねた」という言葉から察するに桐生の人たちから聞いた関文太郎（号赤城）の話や、関文太郎が関わって出来上がった甲斐国志の出来栄えに心を打たれ、さらに時習館という塾でも関文太郎が教えていたという内藤清右衛門家に関心を持ち、憧れをもって甲州の西花輪村を訪ねたものではないかと推測する。

松井渙斎が内藤家を訪れたときに対応したのは清右衛門正輔《まさすけ》と息子景助《けいすけ》親子で（正輔は天保二年八十二歳で逝去）、松井渙斎の優れた学才を認め、時習館で教えるよう引き留める。この時、時習館では景助と甲斐国志編纂のため松平定能の家臣としてやってきた黒木《くろき》宰輔《さいすけ》（字黒重儀《くろじゅうぎ》）も教えていた。内藤清右衛門家では、突然やってきた松井渙斎を時習館の師匠として迎えるにあたり、旗本の次男であることに気を使ったと思われる。それで士分待遇でもある親戚の、甲府勤番医官《いかん》の医者（外科医）の高室家（高室家は元南アルプス市曲輪田の出で、現在は甲府市高室町、家屋全体が県の文化財になっている）にお願いしている。

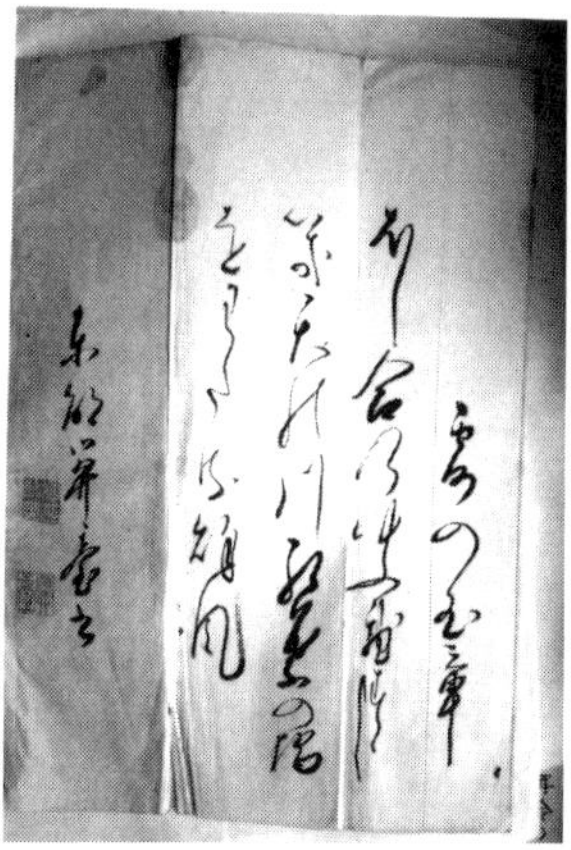

関文太郎書（小野捷夫蔵）

内藤清右衛門のところと高室家との姻戚関係は、景助の姉とみが高室久吉昌韞（通称五郎兵衛）の処に嫁に行っているところから、松井渙斎は高室家に住むようになる。高室家から西花輪の時習館までは一里

高室家（高室陽二郎原図）

半（六キロ）ほどはなれていたが、時習館で子供たちに教えることが日課となった。渙斎は積極的で話好きの人だったらしく、時習館で教えるだけではなかった。高室家には医学を学ぶ書生《しょせい》（医学を学ぶ学生）も何人かいて一緒に住んでいたため、その人たちにも漢詩の作り方などを教えている。このような評判を慕ってか医者仲間の人たちも教えを乞うようになり、竹村立己、今井松軒、今井元琳などに漢詩の作法や儒学の講義をしながら親しく付き合っている。これらの人の記念碑や墓碑が佐藤八郎著「山梨の漢字碑」に掲載されているが、いくつかは撤去されてしまいこの書籍だけがその存在を伝えている。渙斎の積極性もあって、この内藤家、高室家二軒の甲州の文化人、知識人との交際の広さから、多くの人たちとの交流が盛んにされるようになってゆく。師匠としての交際は小池琴河を始め大森快庵、大森快庵の朋友で塾を開いていた高橋澹然《たんぜん》、蜂城塾の一ノ宮浅間神社神官古屋蜂城、その子周斎など一部の方を紹介しておく。

17　西野手習所の学則

松井渙斎師匠が来る前に子供たちは、字を習い、読める程度の学習をしていた。学習をしてはいたがこれからどのような方法で学習してゆくのかは決まっていなかった。松井渙斎師匠が来たことから石和の由学館の学則も参考にしながら師匠も加わり、手習所の学則が師匠より示された。

西野手習所の学則

一、筆道《ひつどう》　新入門者はこの科に入る。いろは及び数字の読み方、使い方を教え順次名頭、国づくし、郷づくし、今川古状揃、実語教、庭訓往来のような程度の高い教科書に進んでゆく。

二、読書《どくしょ》（漢学）筆道を終わった者が入る。四書、五経、史記、左傳、唐詩選の素読（文章の意味、内容はそのままで、文字だけを音読）。

三、時間　昼前五つ時（午前八時）より昼後七つ時（午後四時）までを一日とし、線香一本毎に休憩時間をおく。

四、学期　上等七年、中等五年、下等三年とする。

五、月謝《げっしゃ》　束脩《そくしゅう》（師匠のもとに入門する時贈呈する礼のこと）。

入門料　なし。

謝儀（師匠への謝意を表す礼儀、授業料のこと）年二分（半両）。

西野手習所の経理

給食　願書にも記載してあるように予定していたが、貧しい子供は入門しなかった。家が貧しくとも何名かいたとされるが、昼食まで面倒を見てもらうことは心よしとしない世間体もあり、伏せている。

創立時の手習所経理

師匠の給金年額六十両及び極貧者の手当として、文具費用並びに給食費などの外に、助教などの給与など四十両ほどで、年間の経費は総額百両ほど必要であった。これら手習所の経費は子供の謝儀年間二分と、創立時の寄金百四十両を貸し付けておいたその利子と清右衛門、幸蔵、重左衛門及び村役人の共同出金によって賄われていた。この百両の金額は村にとってどの位の比重の金額に当たるものであっただろうか、村の納税額から逆算してみると、天保七年から十五年までの西野村の年貢金額は百九十五両から二百両であった。その時の年貢率は約四十%であるから、村の総生産額は五百両前後である。このように小さい村でありながら、村にかかる税額の半分にあたる金額が手習所の経費として支出されていた。そのため寄金の貸し付けによる利子では賄えず、寄金を食いつぶしてゆかざるを得ず、さらに総代の油屋幸蔵（手塚幸八）、内藤清右衛門（景助）、重左衛門の闕所や破産により、不足金の補填が不可能になるなど、理想に向かい進んできた手習所は窮地に追い込まれてゆく。

18　西野手習所の教え方と教科書

一、手習い用具

天神机、筆、硯、草紙、書箱が必要で、各自が用意した。

二、筆道、教え方と教科書

入門した子供は、始めに硯で墨をすり、筆の使い方を習う。江戸時代には鉛筆も万年筆も、ボールペンもなく、字を書くのは筆だけであったから、筆の使い方から教えられた。

まずいろはにほへとの字を書きながら平仮《ひらが》

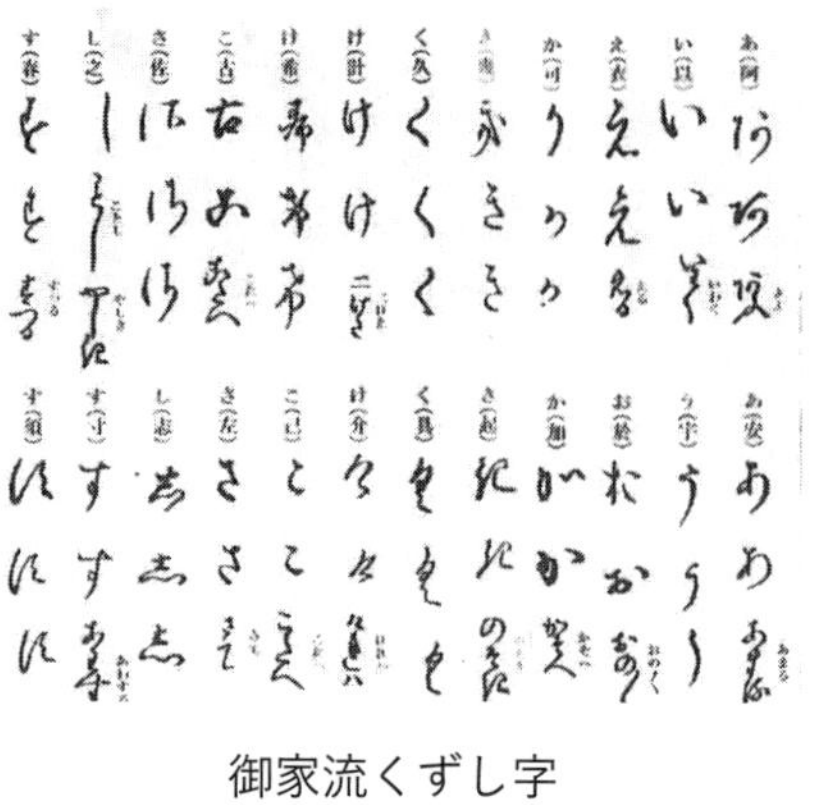

御家流くずし字
（江戸の寺子屋入門より）

名《な》を覚えて、さらにカタカナや数字の読み書きを覚えてゆく。字の書き方は前にも述べたが「御家流《おいえりゅう》」と呼ばれる崩し字の書体で覚えてゆく。かな文字も漢字も江戸時代は公文書が御家流の崩し字が使われていたため、普通の人でも村の辻に掲げられる高札《こうさつ》（掲示板）や草紙本《そうしぼん》が読めるようにしたいと思う様になっていた。平仮名が読めるようになると、「今川状《いまがわじょう》」という漢字に仮名が振ってある本で漢字を覚えてゆく。この「今川状」という本の内容は応永十九年（一四一二）今川了俊が弟の仲秋に、大名の心得、生活、教養などの家訓を書き

（庭訓往来）

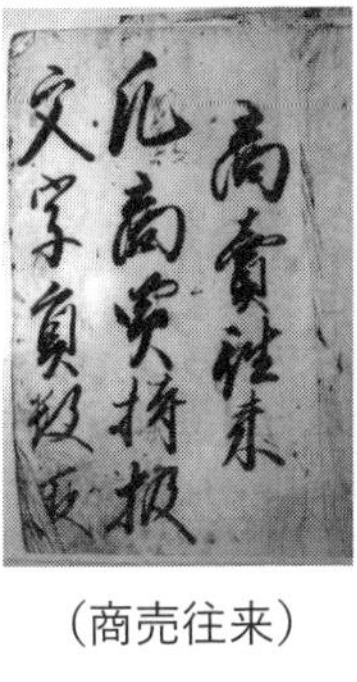

（商売往来）

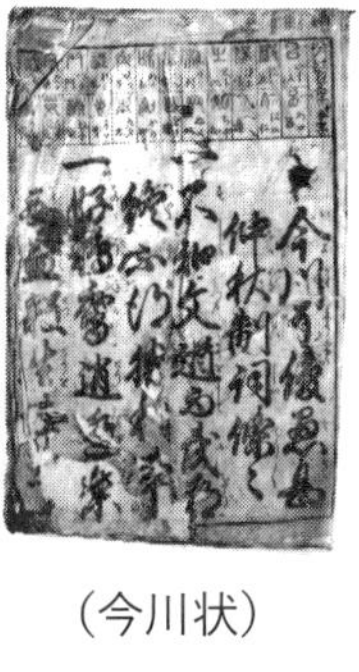

（今川状）

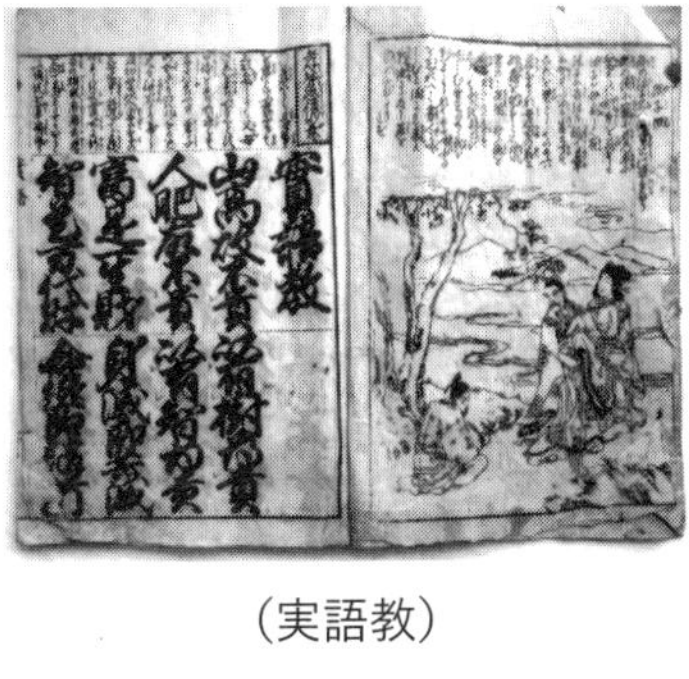

（実語教）

西野手習所で使用した教科書類

与えたものである。「実語教《じつごきょう》」は空海《くうかい》著とされるお経の中の格言をまとめたもので、「山高故不貴《やまたかきがゆえにたっとからず》」で知られる平安時代に作成された学問と道徳の実践を教育の基本理念とした本。「庭訓往来《ていきんおうらい》」は社会生活に必要な多くの語彙を学べるように、手紙の書き方、生活に必要な知識を手紙の往信返信文で教えた本。

三、読書、教え方と教科書

平仮名とやさしい漢字が読めるようになると漢字だけで書かれた本の意味を考えずに声を出して読む素読に入る。その教科書は四書《ししょ》、五経《ごきょう》、史記《しき》、左傳《さでん》、唐詩《とうし》選《せん》などの本を用いた。教科書の四書とは、大学《だいがく》、中《ちゅう》庸《よう》、論語《ろんご》、孟子《もうし》をいう。これらの本はどのような内容の本であったのか。

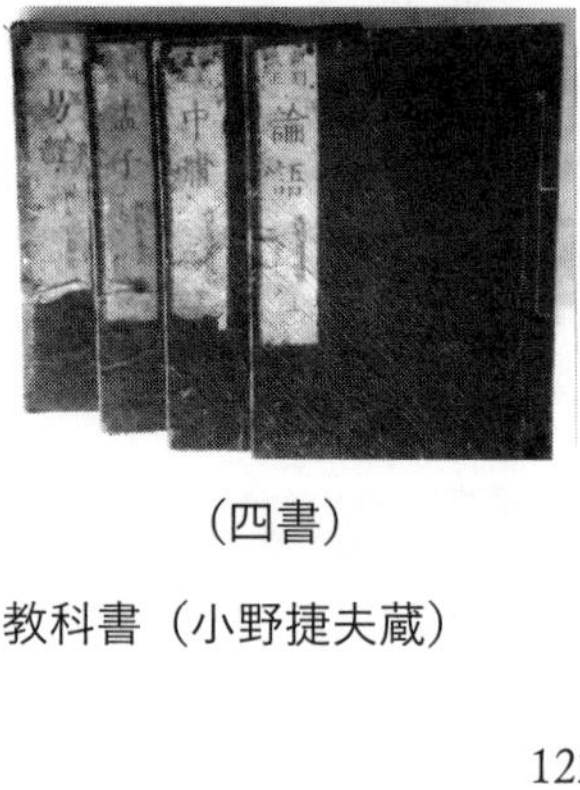

（四書）

（五経）

西野手習所で使用した教科書（小野捷夫蔵）

「大学」とは、心を修めることが書いてある本。

「中庸」とは、心の持ち方、心根の大切さが書かれている本。

「論語」とは、己に克ち、他人に対していたわりのある心を教える。

「孟子」とは、他人に対し守るべき道徳、仁義を説いた本。

五経は易経《えききょう》、書経《しょきょう》、詩経《しきょう》、春秋《しゅんじゅう》、礼記《れいき》の本を五経と言う。

「易経」とは、大地や神様、鬼の思い計ることのできない不思議。

「書経」とは、昔の聖人の優れた徳を実現する方法。

「詩経」とは、国々の穏やかな治まりと、乱について書かれている。

「春秋」とは、反逆する家来や親に刃向かう不幸な子について説いた本。

「礼記」とは、礼式にかなった態度、身の処し方を説いた本。五経のほかに、

「史記」とは、中国の黄帝から前漢の武帝までを記した最初の歴史書。

「左傳《さでん》」とは、春秋左氏伝《しゅんじゅうさしでん》の略。中国戦国時代（前四〇三～二二一）の左丘明《さきゅうめい》作とされる中国春秋時代の伝記。

「唐詩選《とうしせん》」とは、中国唐時代の詩人百二十八人の名詩選、漢詩の入門書。

四、読書（素読《そどく》）

これらの教科書はほとんどが朱子学と呼ばれる本で紀元前に記され、中国語で書かれている。これらの本を、日本語の読み方にかえ、師匠が読む後に続いてその意味を考えずに、文字だけ声を出して読む勉強法を素読と言っていた。素読が始まると皆合唱しながら読んでいくので、まるでお経を唱えるようであった。今の人たちが考えると、なんとも不思議な勉強の仕方だろうと思うが、江戸時代は学問を教える処ではこれがごく普通にどこでも行われていた勉強の仕方であった。この素読は寛政異学の禁止令の頃から盛んになりだした学習法と言われている。

五、朱子学になった理由

なぜ中国の紀元前の書物を教科書として使うようになったのだろうか。そもそもの始まりは江戸幕府がはじまった徳川家康が政治の体制を維持し身分秩序を保つために、思想的な信条として朱子学が最もふさわしいとしたことから始まっている。朱子学は道学ともいい道徳の学問でもあり、「分《ぶ》」（自分の身のほど）を守ることの強調にあった。これは「君は君らしく臣は臣らしく、君臣、親子それぞれに分を守れば、おのずと治国平天下が実現される」。朱子学のこの教説は、為政者にとって誠に都合のいい教えであったことから幕府は朱子学を取り入れたものである。徳川家康は朱子学者であった林羅山《はやしらざん》を侍講《じこう》（学問を教える師匠）として迎え入れる。この林羅山は元僧侶でもあり、朱子学の儒者になってからの家塾がのちに徳川幕府の学問所、昌平坂学問所になる。ここで教えたのが朱子学であった。それから朱子学も学び方も同じように広まっていった。

朱子学のはじめは中国、紀元前の春秋時代の思想家、孔子（紀元前五五一〜四七九）が中国古代の思想を集大成して儒教（宗教）の創始者になった人で、儒教の政治や道徳の教えを記録集大成したのが儒学である。儒教の「儒」という字は中国の「説文解字」によると、人偏に雨冠、その下に「而」とあり、而は垂れたヒゲという意味で、乾いたヒゲはゴワゴワしているが、雨に濡れたヒゲは人に触れても柔らかいことから、儒は人の社会がぶつかり合わずに生活する術を教えたものだという。

今もよく知られている「論語」は聖典の一つとされている。その教えである儒学を、千七百年後の宋時代に儒者の朱熹《しゅき》（一一三〇〜一二〇〇）が儒教の解釈を体系つけたことから、朱子学と呼ぶようになった。朱子は朱熹に対する敬称。朱熹という人は、小島毅氏（東京大学教授）によると、江戸時代に盛んに使われた版木印刷の技術を早くも宋時代に用いて、儒教の入門書や自分の学説を広めている。朱熹の解釈が受け入れられたこともあり、朱子学が広まったとされる。この儒教が仏教などと共に日本にも伝えられてきた。日本では宗教としての儒教は広まることがなく、儒教の教えである儒学が受け入れられた。儒学のうちでも朱熹の解釈の朱子学が採り入れられ広まった。このような経緯から中国の紀元前の書物が学問の教科書として江戸時代を通して使われるようになった訳である。

松井渙斎は幕府の旗本の家であることから家として朱子学を学ぶことは必須であったから、西野に来てからも旗本としての見識を子供たちに教えている。

六、漢詩の勉強

松井渙斎は漢詩を創ることが上手な人であった。漢詩を作るには、四書や五経、唐詩選などを習得し、漢字を理解出来る人でないと創ることが難しい。高室家に居るときも今井松軒や竹村立己、今井元琳などの人に教えているが、これらの人は勉学も終え医者になってから趣味で漢詩を作り楽しんでいた人で、漢字の意味をよく理解していた。漢詩は幾つもの決まりがあり、起承転結《きしょうてんけつ》、韻《いん》をふむ、平仄《ひょうそく》など難しい作法があるため、手習所程度の漢字知識では創ることが難しい。それでも松井渙斎は子供が大人になってから、漢詩に興味が出たとき役立つように基礎的なことを遊び歌にして教えている。

「ずいずいずっころばしごまみそずい」という子供の遊び歌がある。同じ節回しで「とうとうこおしびぎょくせいかかいしんぶんげんかんさん、げんかんあがっておぬけとしょ」とこの附近では子供たちが遊びながら歌っていた。この子供の遊び歌は、中巨摩郡誌にもあり、知られてはいた。昭和三十二年に西野小学校の校長をした保坂耕人氏は子供が歌いながら遊んでいたことを書いているので、意味も分からず昭和の戦後まで歌い継がれていた。この歌は漢詩の平声の上平十五韻で、「東冬江支微魚虞斉佳灰真文元寒冊」で、難しい漢詩の韻を歌で覚えさせながら教えていた。

この他にも「朱子治家格言児訓《しゅしじかかくげんじくん》」と呼ばれる短編の書を子供たちがだらけるような時に気合いを入れるために読み聞かせ、意訳しながら教えていた。

19　西野聖堂の想い出

この手記は、明治四年（一八七一）に入門した手塚語重氏が西野手習所の様子を西野小学校百周年記念誌に寄稿したものである。

江戸時代から明治と変わり、明治新政府は明治五年学制を発布、すべての村々に小学校を作らせる。その前年、今まで幕府や各藩直轄の教育の場であった郷校のところは新たに郷学校とした（悲運な人生の項参照）。この時西野手習所（松聲堂）は郷学、西野学校に名称が変わる。この変わり目の年に入門した人の手記であるが、その内容は、天保時代開設の頃から変わらぬ教室風景がほぼ表現されているものと思われるので、前項の教え方、学舎の図面を参考に読んでいただきたい。

甲斐国巨摩郡西郡筋上今諏訪村
半左衛門　三男
手塚（幼名五十郎）語重
文久三亥年五月十日生　當九歳

○入門のこと
明治四年正月二十五日入門
一、本人、頭髪は結髪、前髪立（若者結）、木綿縞羽織《もめんしまはおり》、小倉角帯《こくらかくおび》を着用す
一、引率者、父、代理、千代太郎、前髪は結髪《ゆいがみ》（野郎髪）紋付羽織角帯を着用
一、供者、下男は結髪、股引《ももひき》、草履《ぞうり》を着用す
携帯品は平机、木製文庫（内に硯箱、習草紙、手本用紙等を納む）
（赤飯一升入る）箱、酒一升樽、束脩料（金二百疋《ひき》入）包、扇子、素麺包
一、玄関に居り取次ぎを乞ひたれば助教出来り案内せらる
一、暫くして座敷に進入り北面して兄は上座に自分は下座に着く

一、次で東谷先生、頭髪は総髪立結に後裂、黒紋付羽織、袴を着用して入来たり南面して着座され互に一礼す

一、兄進出て入門を願い扇子、素麺包、束脩包、酒樽、鉢箱等を呈す

一、次で夫人出来り一礼して進呈品を受納せらる

一、次で平膳に素麺吸物、数の子、煮豆、牛蒡等を具へ配膳せられ先生より兄と自分に盃を授けらる

一、右了て助教を呼び稽古場の座席を紹介せらる

一、助教は座席に案内し満場の門弟に紹介せらる

一、暫くして次日より登場を約して帰宅せり

○稽古のこと

一、門弟は皆南面して座し各自机を正面に文庫を右側に置く各列数名ずつ数列あり（凡四十人位）

一、各列の東端に西面して助教の座席あり

一、先生は助教座席の東奥にある小室に南面して座席あり
一、拍子木鳴れば一同着座し卓上に手本、草紙、硯箱を出し墨摺を始む
一、先生着座すれば一同敬礼す次で先生机上に点火したる線香を立つ
一、一同稽古を始む
一、助教は手習を教へ又受持の一人づつを呼寄せて手本又は経書（漢文）の素読を教ふ
一、先生は助教の下教済みたるものを一人づつ呼て上読を試む
一、先生は自筆の手本（一枚書き）を順次に授け次で清書を試む
一、点火の線香一本尽くれば鈴鳴り各自は席を納めて庭に出て遊ぶ（冬期は炉を囲み暖をとる其燃料のもや、木綿穀等は各自二把ずつ持寄る定なり）
一、掃除は室の内外共に終業後当番数名にて行はる
一、休日は正月、盆、年暮等一般休みの外は一、六を定日とす

○吟味《ぎんみ》（試験）のこと

一、前日中に自己の読修せる書物一切を助教まで提出す

一、当日は一人ずつ吟味場に呼入れらる

一、吟味場には正面に先生、両側に助教等着座して各自硯箱、用紙等を具ふ

一、被吟味者は着座し一礼すれば受持助教は書物を持て側に来り毎巻とも吟味の個所を示して素読をしむ

一、先生始め助教等は筆を取りて記入せらる次いで被吟味者は書物を持て退席す

一、成績は追て一般に掲示さらる

○講釈《こうしゃく》のこと

一、一年数回公開の講義行はる（今の講演会に同じ）

一、月、日、時及び講義の書物名並に個所を記し村内は勿論隣村等までも張り出しを為し広告す

一、当日聴講者は該書物を携へて参集す
一、先生は正面に着座し一礼して既定の個所を朗読し次で講義せらる
一、終りて質問座談等を為すことあり

○塾生《じゅくせい》のこと

一、東谷先生没後は松井、根岸、富田等の諸先生あり何れも家族ありて同居せらる増田寛先生には独身生活にて塾生を置かる
一、当時塾頭には信州の長坂政義氏あり塾生には上高砂の富藤善次郎、有野の矢崎良策、百百の秋山元吉、在家塚の斎藤文太郎、落合の新津、北村の小野三恵吉等の諸氏及び最若年の自分（先生に勧められて入塾し常に先生の側に在り起居飲食を共にし他生と異なれり）池ノ端の中込豊松、椚の功刀保市氏等は通学せらる
一、一般門弟の在らざる朝夕又は夜間に於いて素読講義を授けらる
一、一定日には輪講《りんこう》とて各自同一書物を持ち一章句づつ読講を為し質問応答盛

に行行はれ先生の評定を授く
一、又、取読みとて誤読《ごどく》すれば他人取りて正読を続け又誤読あれば他人之に代はる
一、塾生は一か月に白米五升（甲州桝）味噌、醤油、鰹節、野菜導を持参し且つ薪炭油代として三百文乃至五百文を提供す
一、当番を定め炊事一切即ち飯炊汁采作り等の調理を為す

以上

手塚語重氏
明治二十年山梨県師範学校卒業
西野小学校など歴任
明治四十二年啄美小学校に盲人教育所を併設
障害者教育に先鞭をつけた
甲府図書館長など歴任、山梨県教育の先覚者

松聲堂授業風景
（須藤獏画、白根東小学校蔵
創立150周年記念）

20 「前訓略《ぜんくんりゃく》」の領内配付《りょうないはいふ》

新しく市川代官所に赴任した代官小林藤之助は、前代官の時、甲州じゅうを震撼させた甲州騒動（天保騒動）のようなことが起こってしまうと、甲府勤番支配の兵力位では抑えきれない、ましてや代官所位の少人数では如何ともしがたい事態になってしまうことを懸念していた。いかに騒動が起きないようにするのか、事前に方策を考えていた模様である。それには領内の村人に道徳教育をしなければと考えていた。誰にでも読めて理解出来、すぐにでも実践出来る道徳の冊子を配布したらどうかと考えていた。

小林藤之助代官が西野手習所に立ち寄った際、寺子屋本としても使われていた「六諭衍義大意《ろくゆえんぎたいい》」と「前訓略《ぜんくんりゃく》」が西野手習所では、教えられていないことを知り、早速西野手習所に渡し、教科書として使ってもらっている。これらの冊子のその文を覚えてもらうことや、書いてあることが理解出来ているのか実行出来るものなのか、代官はその成果を知りたく、子供たちを代官所に呼び、代官自ら子供たち全員に学習の成果と実際に行動に移せるものなのか様子を聞いている。

容易に理解出来たことから松井師匠に、分かりやすい前訓略の冊子を領内の村々の人に配布したらどうか相談している。松井師匠も賛同したことから、松井師匠に前訓略復刻の下書きをしてもらっている。さらに代官は領内の名主に、村々への配布について相談し、賛同を得たことから、名主の方々に出版資金の援助までお願いしている。江戸より喜助《きすけ》という版木師《はんぎし》を呼び寄せ、市川大門村の名主村松与左衛門に出版を取り扱わせている（現在もその版木は保存されていると聞く）。領民への配布は沢山の印刷のため小林藤之助代官の任期中には間に合わず、次の高山又蔵代官になってから領内村々に配布している。

手習所の子供たちに勉強させたのは「六諭衍義大意」と「前訓略」であったが、六諭衍義大意という本は、享保七年（一七二二）、徳川吉宗《とくがわよしむね》の時代、父母に孝行を尽くし、先輩を尊敬し、悪いことをしてはいけない道徳律を説いた中国清王朝時代の教育本である。この本は中国から琉球《りゅうきゅう》に伝わり、そこで訳されたものが島津家《しまづ》に伝わり、さらに島津家から徳川吉宗に伝わったもので、漢文で難解のため室《むろ》鳩巣《きゅうそう》がカナ交じり文にしたものが手習い本として各地の手習所で使われた。「前訓略」とは、常陸《ひたち》の国（茨城県東北部にあたる地域）の府中藩の家老市川淡彩が編纂したもので、各地の手習所で始めて字を習う時に使われていた。内容は七・五調の分かりやすい道徳の冊子。前訓略の文面はこのような書き出しで始まる。

朝早《あさはや》くおき　くちすすぎ　手水《ちょうず》つかって　一《いち》ばんに　まず　神様《かみさま》を　拝《おが》むべし
是日本《これにほん》は　神様《かみさま》の　御国《おんくに》なれば　神様《かみさま》の　其御蔭《そのおかげ》にて　くれぐれも　のみくい
衣服《いふく》　きる事《こと》も　みな神様《かみさま》の　おかげゆえ……

人の道を歌う様にして覚え、実践《じっせん》に導いてゆく冊子で、これらの手本を和讃《わさん》と呼んでいた。この冊子は明治になってからも読まれていたらしく、明治はじめに生まれた筆者の祖父も朝起きると、表に出て顔を洗い深呼吸してからおまじないのように前訓略の文言を口ずさんでいたことを子供ながらに覚えている。

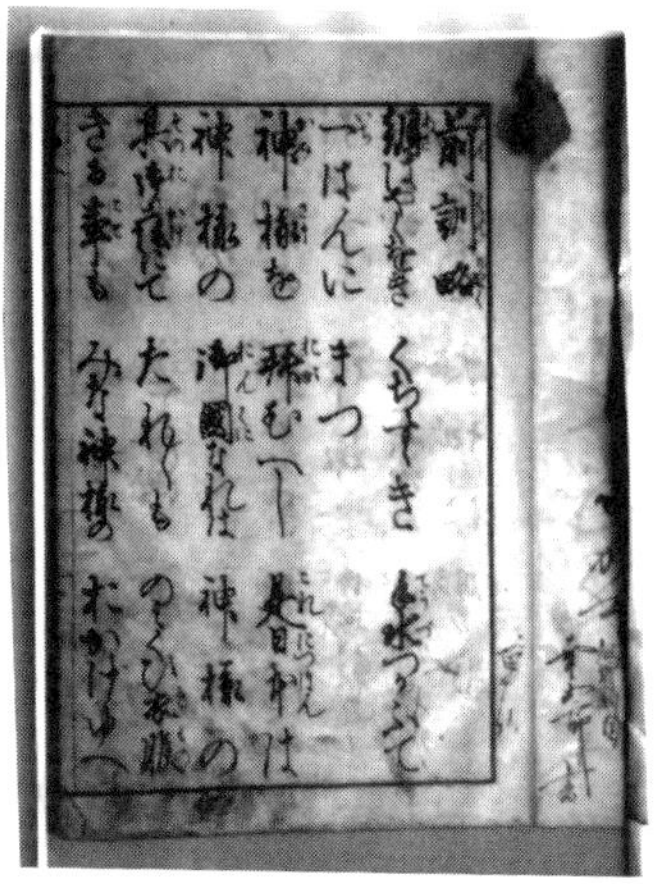
前訓略

領内配布の前訓略
（小野捷夫蔵）

21　朱子治家格言児訓《しゅしじかかくげんじくん》

松井師匠は、昼前近くになると子供たちが飽きてきてだらけてしまうため、これから一編の詩の言葉を書いてきたから、この詩を書いてごらんと指し示す。子供たちはその短い文章を簡単に書き写してしまう。書き写すと師匠が読み方を朗読する。子供たちも同じようにあとを続けて朗読をする。短い文なので子供たちは五、六回繰り返し読むと覚えてしまう。師匠はこの文の読み方の後、今度は書かれている文字の意訳（言葉の意味を教えながら日本語文にしてゆくこと）を月に二、三度行っていた。

この短編の文章は「朱子治家格言児訓《しゅしじかかくげんじくん》」と呼ばれる、中国明の時代（一三六八〜一六四四）朱栢廬《しゅはくろ》いう人が書き残したものである。朱拍盧の父は朱集黄といい、崇《そう》貞《てい》皇帝が亡くなったとき家臣として殉死（主君が死亡すると、その後を追い家臣が自殺すること）している。子供の栢盧は、人を教え導き、言行に表裏《ひょうり》なく、態度や行動が堂々としている人であった。沢山の書物を残し、その中でこの治家格言は家を治めることや、物事の正しい考え方見方を教えている。

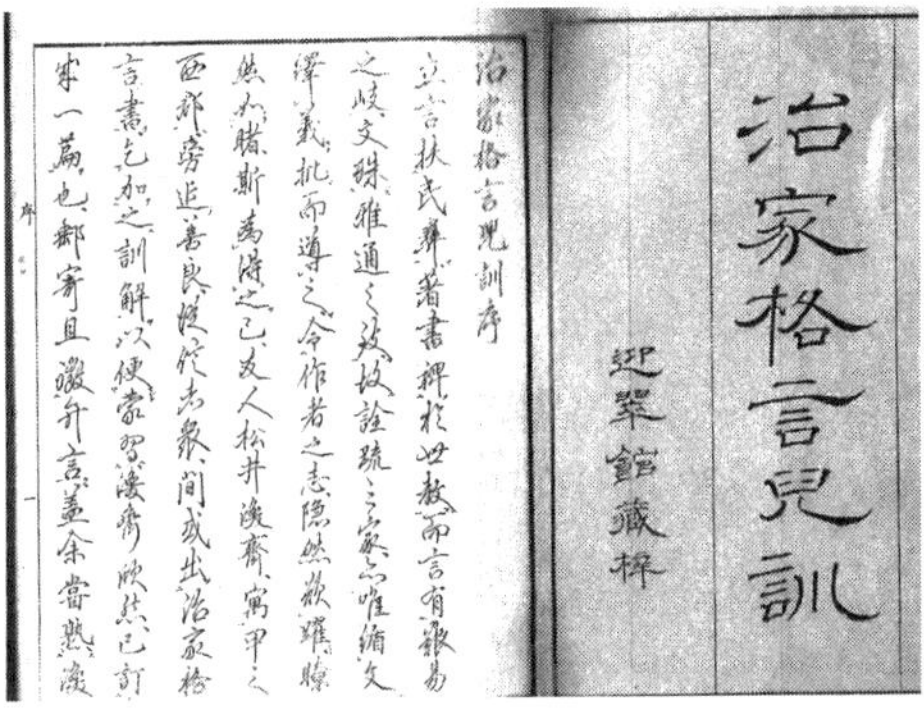

治家格言児訓（小野捷夫蔵）

西野手習所で子供たちに教えた朱子治家格言児《しゅしじかかくげんじ》訓《くん》を師匠が江戸に帰ってからもう一度書き加えたりして子供にもわかりやすいように、学びの栞《しおり》になれたらよいと嘉永三年（一八五〇）十二月に和泉屋金右衛門から出版したのが「朱子治家格言児訓」という本で、甲州で旗本仲間でもあり、師匠仲間の付き合いをしていた乙骨完（彦四郎）が巻頭序文を書いている。この本は江戸で出版され、寺子屋本として流通したことから江戸の子供たちも手にされたことと思われる。

ここで西野手習所で子供に教えたときの教え方

の様子を記載してみる。
（かなのように素読しながら暗記してゆく）

黎明即起　れいめいすなはちおきて
洒掃庭除　そうしていじょをさい
要内外整潔　ないがいせいけつならんをようす
既昏便息　すでにくれにしてすなわちいこう
関鎖門戸　さするにもんとをくわん
必親自検点　かならずみずからけんてんせよ

意味
夜《よ》明《あ》ければ、直《すぐ》ぐに起きいでて、庭路地《にわろじ》を掃除し、家の内外にある物、皆取片付けて、清潔《せいけつ》にしておきたきことなり取散《とりち》らかしてあるは、なんとなく、主人の心、取締まりなきように思われて、恥ずべきことなれば、常々心掛けて、見苦しからぬ様にすべし、日はや暮れて、家業終わり、すでに休息する時、門や戸に錠鑰《じょうかぎ》をかけるにも是非とも自身見回て、不始末無き様にすべし、是盗人《これぬすびと》を気遣《きづか》うのみならず、自然淫《みだ》らなることのなからん為なり、この段、平日朝夕に、怠らずなすすべき業《わざ》をいへり。

一粥一飯　いっしゆくいちはん
當レ思二来處不一レ易　まさにらいしよのやすかざるをおもうべし
半絲半縷　はんしはんる
恆念二物力維艱一　つねにぶつりょくのこれかんなるをおもえ

粥はかゆ、飯はめし、糸はより糸、婁はかた糸、物力は、人力と云うに同じ、艱は骨折のこと

一杯の粥《かゆ》、一椀の飯もその出来處は、皆農夫の田を耕《うなう》よりはじめ、下種挿秧《たねまきうえつけ》、

草をとり、水をかけ、さて取り入れて、籾《もみ》となし、米にするまでには容易ならざることを思いて、粗末になすべからず、然《さ》ば美味なければ、食事進まずなどいふて、五穀を鹿略《おろそ》かに思うは、勿体《もったい》なきことならずや、尺《しゃく》にも足らぬ、糸筋《いとすじ》切端《きれはし》も、是又人力の骨を労して、蚕を養《やしな》ひ、木綿を種え、麻を作て、夫々に糸になし織立《おりた》て反物になすまでは、いくそばくの人手を経て、一方《ひとかた》ならぬ丹誠《たんせい》にて成《でき》たるものなれば不断あだにはすまじと、念頭にかけ居れば、縦手薄《たといてうす》き砧《きぬ》、地粗《ちそ》の布だも、軽易《おろそか》にはなしたがるべし、此段、衣食の苟《かりそめ》にも軽易に思ふべかざるをいへり

このような内容の書物である。

22　松井渙斎肖像画

今は自分の姿を後世の人たちに残すことは誰でも普通に出来る。江戸時代には写真機は無いので、自分の姿を残すことは画家に描いてもらうよりなかった。大名とか、有名な人、金持ちでないと残すことは出来なかった。

松井渙斎も甲州に住み続けていたら肖像画を残すことはなかったのではなかろうか。息子幸太郎が旗本になったことから、その父親として旗本の次男と呼ばれることがなくなったことが誇りでもあり嬉しかったに違いない。江戸に帰ってからの手紙には花押が使われているし、肖像画も残したと考えられる。この肖像画は嘉永六年（一八五三）頃描かれたもので、松井渙斎は安政元年（一八五四）二月に亡くなっており、亡くなった次の年の安政二年二月に西野に居るときから親交のあった徽典館の学頭であった乙骨彦四郎に讃《さん》（絵に関した文章を画面に記すこと）を書き入れてもらっている。この肖像画は明治十六年（一八八三）に息子幸太郎が故郷の西野小学校を訪れたとき持参したことから松井渙斎の生前の姿が明らかになった。昭和十年（一九三五）創立百周年記念の時、手塚藤二郎（手塚直人曾祖父）氏が渙斎の孫等氏より借り受け、伏鵬（近亮）氏に模写を依頼し、手塚藤二郎氏と時の校長輿石正久氏の二人で、初代校長の肖像画として西野小学校に納めた。

画讃《がさん》

差夫伊人　文詞之英ああこのひと　ぶんしこれすぐれ
才鋒飈疾　筆札乃精さいほうつむじのごとはやく　ひつさつよりてくわし
萍遊甲国　至処逢迎うきぐさのごとこうこくにあそぶや　いたるところむかえにあう
秉夷括性　発耿介情いてんおせいをとり　こうかいのじょうをはっす
墨突欲黔　雲止鶴征ぼくとつくろずまんとよくするも　くもとまりつるゆく

巨忘桑梓　聿還江城　いずくんぞそうしをわすれん　ついにこうじょうにかえる
半百未斉　一疾俄嬰　はんひゃくいまだのぼらざるに　いちそうにわかにかかる
微図問讃　惟愛慕誠　はかりてさんをとう　これあいぼのまこと
余亦何言　有涙縦横　われまたなにおかいわん　なみだのじゅうおうするあり
天道鮮知　韋布畢生　てんどうしることすくなし　いふもてせいをおわる
雅謳如見　叵羅屡傾　がぎゃくみるがごとし　はらしばしばかたむく
六孔遺音　特玄希聲　ろくこうのいおん　とくげんこえまれなり

君嘗喜吹明笛撫須磨箏
右渙斎松井先生肖讃
安政二乙卯之二月　友人乙事完謹書（乙骨彦四郎）

意訳《いやく》

ああ、この人、詩文にすぐれ。その才能は素晴らしく能書家《のうしょか》であった。浮き草のように甲斐に遊ぶやあちこちで歓迎され、心安らかで温情にあふれた人であった。しかし我々の願いもむなしく、祖先の恩ある故郷を忘れがたく江戸に帰っていったが、わずか五十歳、前途あるも病でなくなってしまった。あいしたう気持ちを画讃で贈ろうが、何を言うが泪《なみだ》あふれて止まらない。お上は知らず、終生質素に暮らした。先生がなくなったことは嘘であってほしい。琴の音色が恋しく響いてきこえてくるようだ。

君はかって笛を吹くことを好み、いつも琴を磨き大切にしていた。

右は松井渙斎先生肖像画讃　安政二年（一八五五）二月　友人乙骨完謹書《きんしょ》

意訳　佐藤八郎

注　謹書とは、つつしんで書くことを意味する。

松井渙斎肖像画
（白根東小学校所蔵）

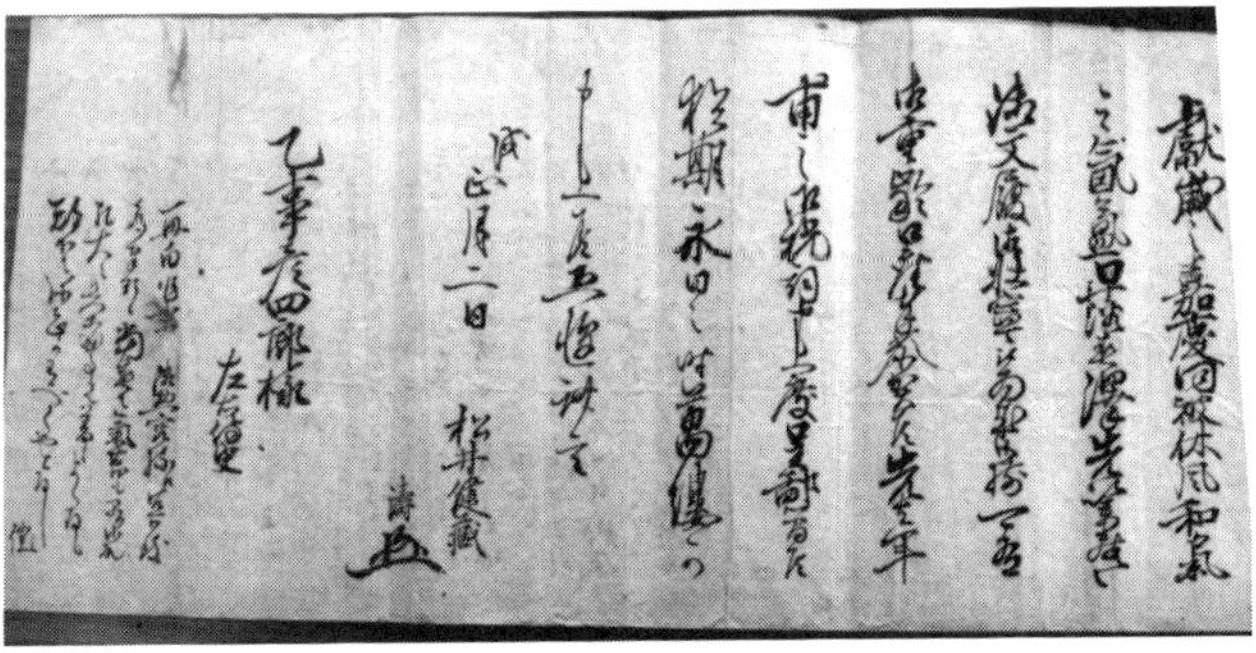

松井渙斎手紙の花押（山梨県立文学館蔵）

23　留別の詩

松井渙斎は甲州に来てから二十年、時習館に七年、西野に来てから十三年、幾多の子供たちを立派に育てあげてきた。その間様々な事件に遭遇してきたが、自分に関することで幾つもの苦難を押し付けてしまったことなど、辞めるとなると様々のことが走馬灯のように浮かび上がってくる。見知らぬ人間を快く受け入れてくれた内藤清右衛門家、さらに郷学校開設というとてつもない大きな夢。学舎建設のための資金作り、挙げ句の果てに財産まで失わせてしまった内藤仲明（清右衛門の長男）や手塚幸蔵、芦沢重左衛門（仲明の弟）への思い。さらに苦しい村財政の中にありながら、子供たちの教育の場を守り通した村役の人たち。貧しく小さい村の農民なのに責任感の強さは、武士の忠誠心よりも強く、深いものを感じ取っていた。さらに夢にさえ出てくることのなかった旗本復帰、小林藤之助代官の奮闘に心を委ね、次の宮浦東谷にすべてを任せられる晴れ晴れした気持ちの中で、過ごしてきた甲州の恩人に感謝を込めながらその心境をしたためたのが留別の詩である。

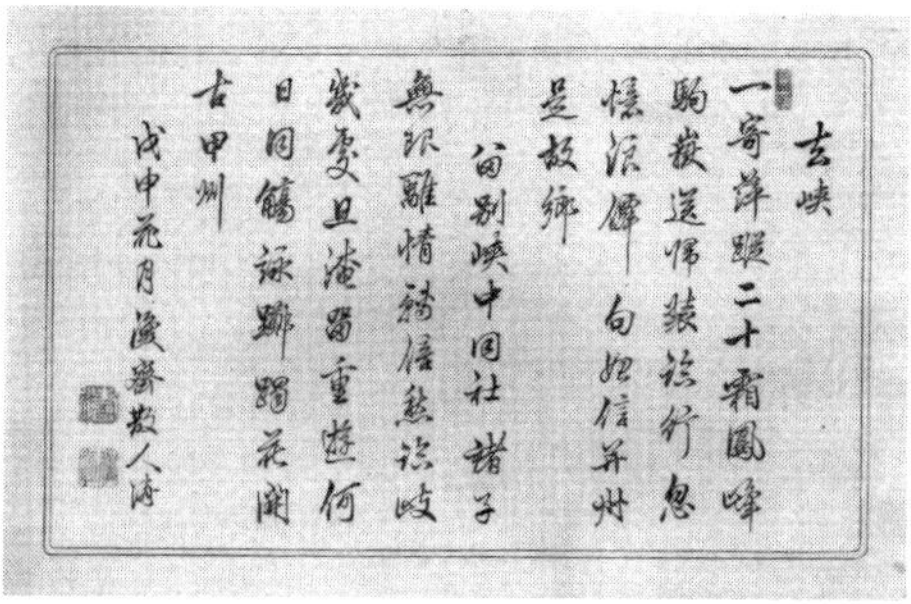
去峡
一寄萍蹤二十霜鳳峰
駒嶽送帰装臨行忽
憶浪僊句始信并州
是故郷
留別峡中同社諸子

留別の手紙（芦沢尉家蔵）

読み

一寄萍蹤二十霜
　ひとたびへいそうによりてにじゅうそう
鳳峰駒嶽送歸裝
　ほうおうこまがたけきそうをおくる
臨行忽憶浪僊句
　さるにのぞみてたちまちおもうろうせんのく
始信併州是故郷
　はじめてしんずへいしゅうはこれふるさとなり

意訳

一度萍踪浮き草のように甲州に来て二十霜（二十年）
鳳峰駒嶽、帰装を送る（懐かしい景色である）
去に臨みて忽ち億う、浪仙の句（唐詩選の中 の詩人）
始めて信ず、并州《へいしゅう》（第二の故郷の意）は是故郷なり

この留別の詩は、松井渙斎が江戸に戻った後、甲州で世話になった人たちに宛てたお礼状である。

明治六年（一八七三）、松井渙斎の教え子小野泉は山梨県の学務官になった。学制が発布され県下すべての村々に小学校が創られてゆくときに活躍した人物である。小野泉は西野小学校の開校記念日（明治六年九月）に祝辞を述べている。前身の西野手習所を卒業した身として、天保時代に農民が設立した公の郷学所の師匠として、その功績を後世に残せるよう村人と謀り、顕彰碑の建立をすることにした。そこに刻まれたのが留別の詩である。

記念碑建立は明治七年五月、除幕式の折、松井渙斎に教えを受けた人や、親交のあった人たちの書や絵画、亡くなった人たちの遺作も集めた展覧会も同時に開催され、作品は今に伝わっている。

留別の碑、碑陰《ひいん》（石碑の裏面の文章）

松井先生、諱《いみな》は寿《ひろし》、字《あざな》は秋水《しゅうすい》、通称は健蔵、渙斎と号《ごう》す。江戸の人なり。文化丙寅（三年）十月の日、下谷三味線堀の官舎に生まる。人と為り廉潔《れんけつ》（潔白で正直なこと）多能《たのう》、最も詩文及び書を善《よ》くし、而も誘掖《ゆうえき》（教え導くこと）に長ず。弱冠《じゃっかん》にして我が甲《こう》（甲州のこと）に来り遊び、後、遂に西野郷学校教師と為る。時に年三十二、実に天保丁酉（八年）の四月なり。居ること十二年、弟子の門に重《いた》る者、千有余人なり。嘉永戊申（元年）三月、江戸に帰老し、安政甲寅(元年)の二月十三日、病を以て没す。享年四九。下谷埋堀《まいこつ》の竜谷寺の塋域《えいき》（お墓）に葬る。先生、五味氏を娶《めと》り、一男一女を生む。男、名は甲太郎、西野と号す。見《げん》に文部省に出仕す。女、名は阿佐《あさ》、静岡県の士、北川某に適《とつ》ぐ。初め西野村の此校を設くるや、里正《りせい》（名主のこと）手塚某（幸蔵を指す）、里人数輩と之を官に請い、先生を聘《まね》きて以て業（手習所のこと）を開く。今を距《さ》ること三八年なり。明治癸酉（六年）九月に聳《およ》び、旨《むね》（こころざし）を以て公学と為す。今茲《ことし》甲戌（七年）の五月、門人相謀《あいはか》りて其遺詩《いし》（留別の詩のこと）を石に勅《きざ》み、以て先生の葘余《しょよ》（操業間もない時期のこと）を不朽にせんと欲し、余に之を書くを属す。余も亦嘗《かつ》て（過去の出来事の時使用する言葉）て先生の教えを受くる者、義としてこれを辞す可《べ》からず、遂に其概《そのあらまし》を併せ記すと云う。

明治七年甲戌の五月

山梨県学務官　小野泉

松井渙斎顕彰碑

小野泉。浅尾新田村の小野通仙（医者）の長男。十二歳で西野手習所で松井渙斎に学ぶ。さらに京都の広瀬元恭の時習堂で医学を学び、帰郷後病院を興し天然痘撲滅に活躍。明治政府下、山梨県学務官となり、県立病院の設立や甲斐国志の復刻や松井渙斎と共著で「甲斐叢記」の後編を完成した。

松井渙斎は帰京後「朱子治家格言児訓」の出版に取り組み、さらに親友であった田島村の大森快庵が嘉永二年十一月に病没してしまい、執筆中であった「甲斐叢記」(甲斐の歴史、名所旧跡、産業を親しみやすく著した、別名甲斐名所図会)が中途であったことから、弟の頼周が遺志を継ぎ、松井渙斎に著述の完成を託した。渙斎は教え子小野泉と共に草稿に補筆を加え嘉永四年十二月に前編五巻を刊行。その後の後篇五巻も完成した。しかし渙斎が病没したため、出版出来ず、四十二年後の明治二十六年に甲府の内藤伝右衛門より出版されている。

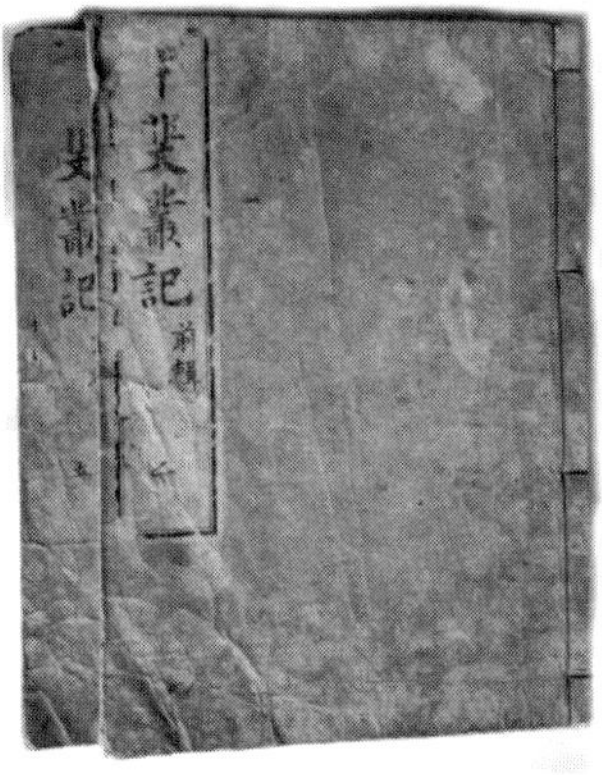

『甲斐叢記』
未完であった作品を松井渙斎が引き継いで完成させた

24　再度の代官就任と師匠の交代

小林藤之助代官は天保十三年に市川代官所の任期を終え、甲府代官所に異動している。市川代官所には天保十四年三月から弘化二年まで、高山又蔵代官が赴任している。ところが不思議なことに高山又蔵代官の任期が終わった弘化三年から翌四年までの一年だけ、再び小林藤之助が市川の代官になっている。この一年の代官就任は甲府代官所と兼務になっている。そのため市川代官所の代官に名前がのらない書物もある。代官が一年だけの短い間だけの勤務は、不始末で隣の代官が監督として就くこともある。しかし隣の代官所との兼務に就くことはあまりないので、心をつまらせる懸案事項があったから勘定所に願い出て一年だけの甲府と市川の兼務ということで割り込ませてもらって就任を実現したものではなかろうか。

小林藤之助は前の市川代官所に在任中、西野手習所で起きた油屋幸蔵の闕所の刑罰と、幸蔵の死亡についての経緯も係争中に幸蔵からの返答書で承知していた。その原因は、本をただせば代官所の手付《てつけ》（事務官）が起こした詐欺事件の尻拭い（不始末の責任を取らされること）をさせたことから起こった事件で、天保九年の学舎建築の頃から幸蔵が病気がちとなり、自身の商売、屋真十油屋の取引も以前のような活況の取引が出来ない状況になっていた。尻拭いのための二千両（一両二十万円として、現価格で四億円）にもなる多額の借金の返済が滞ったことから裁判となり、結果として罪に追い込まれ、さらに死にも至らせてしまった。

裁判は江戸で行われたものであったがこの裁判のとき小林藤之助は、何も手を差し伸べることが出来ないと悔やんでいたのだろう。小林藤之助は同じ甲州の近くの甲府に移ってからも市川代官所管内で自分の代官の時起きた事件なのに、次の年には異動してしまい、市川の管内のことには口出し出来ないもどかしさがあったための行動ではなかっただろうか。市川在任中に西野村で起きた一連の出来事がどうしても気になり釈然としないもやもやをすっきりさせたい気持ちから再度の市川勤務を願ったものであろう。

幸蔵、清右衛門、重左衛門の没落によって、西野手習所の存続が危ぶまれているのではないか、運営の存続が気になっていた。

郷学の手習所は本来代官所が庶民の為に学問を学ばせるために創られてきたものである。郷学の西野手習所は民間人が苦労して立ち上げて申請したとき、小林藤之助は勘定所吟味方改役に在任中で、西野手習所の認可に関わっただけに、代官所の人間が潰してしまうことになってしまう。それは絶対避けなければならないことで、何とか続けられる道をさぐることであった。もう一つの気掛かりは、小林藤之助が市川代官に決まったとき、同じ三味線堀の町内に住む旗本の松井貞右衛門の次男健蔵（渙斎）がその郷学校の師匠になっていることを知っていたことから、勘定所で知り合いになっていた宮浦東谷（庄左衛門）が西野手習所で師匠に出来れば、江戸での貧乏暮らしの三一侍《さんぴんさむらい》でなく安泰に生活が出来るのではないか。そのような思惑で連れてきたものだったが、市川に着任し、西野村に来てみたら、その時にはまだ学舎もない、学舎を建築する費用すらもない状況であった。あるのは寄金が百四十両だけ、師匠一人の給料さえままならない状況にあったことから、今の状況ではとてももう一人師匠を採用してもらうのは不可能と考えたのではなかろうか。とりあえず算盤勘定《そろばんかんじょう》（計算）も得意なことから市川の煙草商の処で仕事をさせていた。小林藤之助代官は甲府代官に転任してからも宮浦を師匠にと約束したことが頭から離れられず、どうしたら約束が実現出来るだろうと思いを巡らせていた模様である。

それには、松井渙斎が江戸に帰れる道を探せばいいのだが、しかし江戸に帰ってみても次男であるため、旗本としての仕官の道はない。ましてや甲州に出ていった身であるから江戸には家もない、そのような状況では塾を開くことも出来ない。思いついたのが自分の歩んだ道ではなかろうか。小林藤之助は小林家に養子として入った人である。旗本や御家人の間では、家禄は変わらなくても子供が優秀であれば職についても昇進しやすく、役が上になれば役料がつき生活が楽になる。自分に子供がいても優秀な子供を養子に迎えることが陰ながらに行われていた。このような思いを巡らすうち、もう一度市川に行き、解決の話し合いをするほかない、甲府では出来ない相談であった。

幸いにも小林藤之助代官は前回市川に在任中、西野手習所の子供たちを代官所に呼びよせ、一度のみならず毎年、年に一度は代官所で吟味（試験）をしていた。その折に松井渙斎の子供、甲（幸）太郎は抜きんでて学問に優れていることも現場でよく観察していた。そこで松井渙斎に養子縁組みの話を相談してみる。それには江戸の松井家とも相談しないといけないので、松井渙斎の兄貞右衛門とも相談し、兄の子供久三郎（甲太郎の従兄）の養子として迎えられることになる。内内《ないない》（うちわ）の交渉は成立したものの幕府がすんなり旗本としてお抱えをしてくれるかであった。旗本の家とはいえ五十俵三人扶持の家禄だと普請役のような仕事もほとんどない処に採用されるのであるが、小林藤之助代官は交渉力もあったものとみえ、甲太郎を新設の陸軍奉行にお抱えとさせている。すべてのお膳立てを終え、小林藤之助代官が兼務の市川を辞したのは就任翌年の弘化四年（一八四七）の一月である。

弘化四年の四月初め、松井渙斎の息子甲太郎は西野を離れ江戸に向かっている。伯父貞右衛門に旗本の立ち振る舞い、言葉遣い、挨拶などみっちりと仕込まれる。そのうえで旗本の正式な衣装である狩衣《かりぎぬ》（現在神主が正装にしているような衣装）の装束で江戸城に登城したのが弘化四年十月十日、将軍にお目見えの上、その日から旗本として正式に幕臣となっている。学問に秀でた甲太郎は小林藤之助代官の目に狂いがなかったように十年後の万延元年（一八六〇）には開成所書物掛り《かいせいしょしょもつ》（外国語の研究教育機関）に栄転している。甲太郎が旗本としてお抱えになった翌年の嘉永元年〔弘化五年二月二十八日嘉永に改元〕三月、（松聲堂の底本となっている「中込松弥著西郷史話」では七月とあるが、松井渙斎の教え子で師匠と「甲斐叢記」を共著した小野泉の松井渙斎顕彰碑では三月になっている）松井渙斎は初老を理由に西野手習所の師匠を辞している。

多くの村人に見送られ、江戸三味線堀の兄貞衛門の旗本拝領屋敷に戻っている。西野に居る間に宮浦東谷とは手習所の打ち合わせが行われていたらしく、西野村の手習所世話人も師匠の交代を了承し、嘉永元年（一八四八）四月、宮浦東谷に二代目が引き継がれた。松井渙斎は江戸帰還後、旗本の父として旗本を名乗ることが出来たことは、夢心地のような気分を味わったのではなかろうか、それからは自分の花押《かおう》も用いるようになっている。松井渙斎が帰京して落ち着いてから、甲州に来てからと、西野村で教えていた時、多くの世話になった人に感謝の気持ちを彫師に刻ませたお礼状が留別詩である。

25　二代目師匠　宮浦東谷

小林藤之助代官は、市川代官に赴任する時、代官所で仕事をする手付のほか、仕事には関係のない宮浦東谷（庄左衛門）という人物を伴って市川大門に来ている。この人と藤之助がどのような関係で市川に来るようになったのかは全く記録には残されていない。

宮浦東谷（通称庄左衛門、諱義房、小字慶藏、号東谷）、生まれは武州（埼玉県）北葛飾郡二合半領早稲田村（現三郷《みさと》市早稲田《わせだ》）の郷士（武士でありながら農村で農業を営み、武士として名字帯刀を許された人）雨宮傳十郎の長男で、宮浦家に養子として入っている。以降宮浦を名乗っているが、養子として入った宮浦家がどのような家で、何をしていたのかは、またどうして一人で生活するようになったのか、本人が全く語らなかった模様である。宮浦東谷師匠の顕彰碑を創るとき、雨宮家親族の三名方に宮浦東谷の経歴を手紙で問い合わせている。しかし時代もかなり経過しているためなのか、そこには全く東谷の子供時代や、その後の経歴について、どなたも「よくわからない」の回答のため不明である。郷士であることから武士を目指したものと思われる。本人も若い時大洲《おおす》藩に仕えたことがあるとの話が残されている。藩や旗本に仕官しても、大きな藩でも、給人とか、中小姓で給金は年額三～四両、中間で二～三両であったので、三両一人扶持、世間でいう三一侍《さんぴんざむらい》と呼ばれる存在ではなかったろうか。

どうして小林藤之助に同道して甲州に来るくらいの親密な関係になったのか。詳細はこれも不明であるが、小林藤之助が信州中野の代官になる前、天保七年まで江戸勘定所吟味方改役《かんじょうしょぎんみがたあらためやく》に勤めている。宮浦東谷長女久麻さんの孫にあたる豪氏による口伝では、筆算が堪能だった宮浦東谷は勘定所でも仕事をした、とあるので、そこに接点があったのではなかろうか。他の用人たちに比べ抜きんでた知識と算術に長けていたにもかかわらず、三一侍のような薄給の生活をしている。その知識を生かせる子供を教える師匠になったらどうなのか、そのような話から小林藤之助が甲州の市川代官に決まったとき、甲州に同道してきたものではなかろうか。小林藤之助がなぜ甲州の市川管内に子供を教える手習所があることを事前に知っていたのであろうか。

小林藤之助は天保七年八月まで勘定所の吟味方に勤めており、吟味方は、郷校の設立申請の審査もしていた。西野手習所も市川代官所から勘定所に願書が提出されている。ふつう郷学所を創る場合は代官所が創立させ、配下の村々から運営費を集め、それを基金にして貸し付けその利子でもって運営をするので、代官所管内の庶民の子供が安心して勉学出来る場所という創られ方であった。ところが甲州の西野村から申請のあった郷学所は代官所には関係なく、小さな一農村からのものであった。勘定所としても特異的な申請であったので印象が強かったのではなかろうか。さらに小林藤之助とすぐ近くに住む松井定右衛門の次男が甲州に行き内藤清右衛門の家塾で師匠をしていることも旗本仲間で聞かされていた。このような前知識があったものだから、郷学校の師匠になれるだろうとの思惑から宮浦東谷を市川に同道したのではないだろうか。

ところが甲州に来て、村々の実情を見分する巡回の時、宮浦東谷のこともあり、西野村を巡回の折、ついでに手習所にも立ち寄っている。手習所のある西野村は田圃は全く見当たらず石ころだらけの畑作の村であった。子供が勉学している手習所は、まだ学舎もなく寺の庫裏《くり》であった。手習所には総代である手塚幸蔵も同席していたので、総代に対し、もう足掛け三年にもなっているのにいまだに庫裏の仮校舎なのはなぜなのか、との苦言に及んでいる。さらに運営費算段に付いても説明を求められている。その時は初対面の代官様に向かい、反論するかのような言動の前代官も絡む塩の取引による利益で運営を考えていた。しかし山口代官の手代である葉山孫三郎の強欲の悪辣《あくらつ》さの顛末まで説明ははばかられ、ひたすらごもっともと聞き受けるより仕方がなかった。

総代の幸蔵は新任の小林藤之助代官に、初めからこのような貧相なところを見てもらうことになってしまったことが大きな恥晒《はじさら》しと思ったのであろう、自分の私財を使い果たしてでも学舎の建築に取り掛かる決意をこの時心に忍ばせた。実情を見分した代官もこのような状況の中ではとても二人の師匠を置くことは無理であろうと思い、算術にも長けていたことから市川大門の煙草問屋で仕事をさせている。取り敢えずは落ち着いたものの小林藤之助としては、宮浦東谷が江戸の生活と同じような一商店の丁稚奉公《でっちぼうこう》のような生活をほっておくことも出来ず、何とか約束の師匠の道を思案していたと思われる。

小林藤之助代官は甲府代官に転任してからもこの一件は忘れることがなかったと思われ、異例とも思える一年だけの甲府と市川との兼務を願い出たのではないか。(代官は勘定所の任命なので、勘定所に勤めていたことから可能になったのではないか。)この就任した一年間できれいな形で引き継ぎが行われている。前項でも記したように、無事に松井渙斎の子供を幕臣の旗本の地位につかせ、江戸に帰れる道を作り、宮浦東谷も希望の持てる道を描くことができたことから、嘉永元年四月から宮浦東谷は西野手習所の二代目師匠へと移っている。

この師匠の交代は西野村にとっても大変有り難い出来事でもあった。それは手習所設立時、石和の由学館を手本にしてきたため、豊富な資金のある由学館に比べ、わずかしかない寄金にもかかわらず、由学館の師匠の小池琴河が農民でありながら六十両という給金であったことから、旗本の身分を意識し過ぎて背伸びしての同額の給金に苦しむことになってしまっていた。そのような中にあって郷士の身ながら、学問にも秀でているのに若い時からずっと薄給に甘んじてきた宮浦東谷だけに、学舎もあり、住む場所も完備していたことから、子供たちの謝儀だけでもやっていけるとの申し出から、村役の人たちは安堵の心持ちであった。

この師匠の交代は、創立時の考えにとらわれない村の力量にあった運営でもやっていける、師匠に出会えたことと、小林藤之助代官が行った交代で、村役が前例にとらわれない、考えの切り替えが出来たことで明治まで郷学として継続出来たのではなかろうか。松井渙斎師匠がそのまま教え続けていたら、数年のうちに西野手習所は運営費の不足で消滅してしまったかもわからない。宮浦東谷師匠になってから、手習所に関する運営、教師の費用に関する寄金などについての書類は全く見つけることが出来ない。

26　西野手習所の愛称「松聲堂」

西野手習所に「松聲堂」の別称がはじめて出てくるのは、宮浦東谷が師匠になり門人帳が作られたときである。松井渙斎は別称とか愛称というものは全く考えていなかったのではなかろうか。松井渙斎としては西野手習所の創設時からの経緯も承知しているだけに、幕府から正式な名称として西野手習所が認可されている以上、個人の思惑で愛称をつける気持ちはなかったと思われる。「松聲堂」の名前は松井渙斎が付けたとの説も散見されるが、もし付けたとしてもこの名称は使わなかった理由が別にある。

松井渙斎が若き日橘守部に学んだ時、同門の先輩に桐生の人で田村梶子《たむらかじこ》という人がいた。このことは前にも記してあるが、機屋をしながら私塾を開いていた。その塾の名前が「松聲堂」と付けられていた。松井渙斎はそのことを知っていたと思われる。昔の人は、遠くで全く知らないのであれば別であるが、知っていて同じ名前を使うことは快しとしない気風があった。例えば松井渙斎が西野に来る前、内藤清右衛門の私塾「時習館」で教えを受けた広瀬元恭が、学問を終え京都で医者を開業した時、医学を学ぶ書生のために塾を開いている。この塾に子供の時に学問を受けた内藤清右衛門の塾「時習館」の名前を頂いているが、「時習館」でなく、「時習堂」と堂に変えて使用させてもらっている。旗本の教育を受けている松井渙斎が同門の知人が付けた名前をそのまま借用することはまず考えにくい。

次を任された宮浦東谷にしてみれば、前師匠から手習所の教え方は聞かされてはいたもののこの手習所の創立からの経験してきたような経緯までは知る由もなかった。さらに来てみたら前師匠が辞めたので、それに付いて子供たちも一緒に辞めてしまった。そのため子供が誰もいない手習所になっていた。そのような状態をそのままにしておくことも出来ず、まず村の実態を知ることと、手習所を再開することを伝えながら家々をたずねる日々を送っていた。

四月は村の中はたばこの苗床作りや、木綿の種まき、さらに自給するための穀物である粟やキビなど雑穀類の蒔き付けの最中だった。畑以外は村の三割ほどは松や椚《くぬぎ》の林になっていた村中をみてきた。手習所の周りも、北は松の木に囲まれた八幡神社、西は松と椚の生い茂る林になっていた。春の涼風に松の葉音が爽やかに聞こえるそのような環境の中に建てられていた手習所であった。六月になると大麦や小麦の刈り取りも終わり、忙しく働いていた村人もようやく一段落すると子供たちのことも考えるようになり、七月になると何人か入門することになった。

宮浦東谷は子供たちが親しみをもって学べるような手習所にしようと、入門してきた子供の名前を書き記した門人帳に記念として「松聲堂」の愛称を付けて、子供にも披露している。この名前は子供たちにも村の人たちにも受け入れられた模様で、以降正式な名前の西野手習所という名前より松聲堂のほうが周りの村々の人々にも知られるようになってしまった。

愛称の由来のついでに、西野手習所にはもう一つの呼び名があることを紹介しておきたい。世間では聖堂《せいどう》とも呼んでいた、そのわけは明治政府は明治五年すべての村々に小学校を作る学制を発布した。その前年の明治四年、今まであった郷学校は、明治政府による新たな郷学校にするとのお達しで、西野手習所も明治政府の新たな郷学校になり教師は徽典館から派遣された。徽典館は幕府の昌平坂学問所の分校であり、昌平坂学問所は孔子《こうし》の教えを学ぶ場所として学問の神様として孔子をお祀りしている。孔子をお祀りしているところを聖堂と呼んでいたことから聖堂と呼ぶようになり、徽典館も聖堂と呼んでいたことから、徽典館の先生が来て教えたことで聖堂とも呼ばれた。

幕府も認めた、他に例をみない村だけで創った公立の郷学校であったことが、周りの村々の人は、敬いの気持ちもあって明治以前にも聖堂とも呼んでいたという。

27　門人帳

松井渙斎は老いを理由に西野手習所を辞している、当時は四十歳を初老（昭和四十年頃までこの付近では初老のお祝いをしていた）といい老境に入ったとされていた。世間でも文人として有名であったし、威厳《いげん》もあったので子供も村人も師匠というのは老いたことを境に区切りをつけるものなんだろうと思っていた。江戸時代は塾の名前よりも、どこの誰々に教えられた、と師匠の名前が勉学の証であった。そのような習があったこともあり、師匠が辞めるのであれば自分たちも、と子供が一斉に辞めてしまったのである。

このような事情も知らないでやってきた宮浦東谷は、子供の大勢いる教室ではじめて講義をしなければならないと緊張した心境であった。引っ越しも終わり手習いを始める段階になっても、子供は誰一人としてやってこない、ガランとした学舎に拍子抜けしてしまった。村役の人に訳を聞かされ、納得したところで村役の人からまた手習いをはじめることを村民に伝達してもらう。

宮浦自身もはじめて西野村に来て、全く知らない村であり、教えることもはじめてなのでどのような村で、どのような生活をしているのかも知りたくて、挨拶回りをしながら子供のいる家には、親から手習いを学ばせるように説得してもらった。ようやく七月になると七人の子供が入門を希望してきたので、八月から勉強をはじめることになる。市川大門で、長い間煙草問屋にいて帳簿付けやら、せわしく働いていた人らしく早速入門してきた子供の、名前と親の名前を記した門人帳が作成されている。

一年目は七名の入門者で寂しい教室であったが、入門張は、二年目から急激に子供の入門が多くなっている。それにはこのような言い伝えが残されている。前師匠の松井渙斎は厳しいながら

宮浦東谷 門人帳
（中込義之蔵）

たとえ話を交えたり、素読も遊戯歌のようなわかりやすい覚え方で教えたりしていた。ところが武家の慣わしなのだろうか、数字の読み方、書き方は教えても、算盤勘定は全く教えていない。それには理由があって、意識的に教えなかったのではなく、算盤勘定のような算数に疎かったものではなかろうか。武家の人は損得勘定をとらないという考えがあったからである。武家の心得として「文臣銭を愛し、武臣命を惜しむ」また「金銭の欲を思うべからず、富めるは智に害有り」など武士の子供は経済のことは眼中に入れないように育てられていた。財の道を求める者は卑しいもの、道徳をとく師匠や幕府役人のような武人に比べ商人は卑賤《ひせん》（士、農、工、商と、商売は身分が低いこと）なものと教え込まれてきたからである。

いっぽう宮浦東谷は身分的には西野村の農民と同じ百姓である。それと若い時から算盤勘定が得意であったらしい。市川の煙草問屋で帳簿付けの仕事もしていたので、西野に来てからは手習所の子供によく算盤勘定を教えていた。西野村近辺は野売り商売が盛んに行われ、野売りの収入は生活にとって重要な要素であった。野売りが生活の一部となっていることもあり、計算の速さや口の利き方一つでも、途端に暮らしに影響してしまったからである。その商売する上のコツや客に対しての対応までも、身近な生活の知恵をも教えてくれた。すぐにでも役立つことを教えてくれたことが、村人の間にも話題に乗るようになると良くしたもので次の年から子供の入門者が急にふえている。入門帳は十八年間続けられているが、安政四年（一八五七）までは二、三年生の在籍者までも書かれているが、以降入門時の名前しか記入されていないので正確な在籍者の人数は分からない。入門者は正確に三百二十名、二年生以上の在籍者は安政五年以降記入がないが千名以上の子供たちを教えている。

松聲堂の入門者は、ほとんど男の子であるが、宮浦東谷になってから女の子が十五名入門している。郷学校の勉強は四書や五経を中心とした男社会の考えなので、女の子の入門者はほとんどなかった。この点西野手習所は郷学でありながら初めから武士を育てる考えはまったくなく、寺子屋のような教え方であったためではなかろうか。

女の子の入門者を調べると、嘉永三年（一八五〇）隣村の上今井村庄左衛門娘楽女、五年、西野村、用蔵娘津義子、六年、嘉右衛門娘おしん、惣兵衛娘とみ、安政元年、用蔵娘おつぎ、琴野、上今井村登美、二年、佐次兵衛娘およう、おさと、上今井村の惣兵衛娘おとみ、四年重兵衛娘しん、上今井村庄左衛門娘おくら、文久三年（一八六三）重左衛門娘おけい、八兵衛娘おとみ、元治元年（一八六四）林右衛門娘おさく。村から入門した娘の親は、ほとんど手習所創建に関わった時の名主や長百姓など村役の孫であることから、女子にも男の子と同じような教育をさせようと率先して入門させたのではなかろうか。

（門人帳の氏名、親の名前、現代文は山梨県史資料編十三、近世六上に掲載）

28　熱心な指導

宮浦東谷は江戸から師匠になるつもりでやってきた。十年間の商店暮らしからやっと念願の師匠の道が開けてきた。

宮浦東谷の書
（白根東小学校蔵）

西野に来た時四十歳、最後の花道との思いもあったのかその指導は熱心そのものであった。前師匠は漢詩などを通じて、文人たちと交流するためよく出歩いていた。人々から石碑文の依頼や集会にも出向いたことが書かれているが、そのような行動の一端を記録魔と呼ばれる徽典館の学頭であった林鶴梁《はやしかくりょう》の日記にも記されている。弘化三年（一八四六）に徽典館の学頭としてやってきた漢詩文に長けた林

宮浦東谷の絵画
（手塚直人家蔵）

鶴梁のところに、往復五里（二十キロ）の道のりを歩いてこの年十一回も詩文修正などで来ていることが書かれている。

それに対し宮浦東谷師匠にはそのような記録も言い伝えもなく、ひたすら子供と共に日々を送っている。趣味といえば一人で絵を描くことであった。その絵は一流の画家にも劣らない素晴らしいものが残されている。書は毎日子供に教えているので書き慣れてはいるが、子供の親に頼まれ時々揮毫《きごう》（書を書くこと）している。見ていてほんわかとした書が残されている。

（講釈の日）（講演会のこと）

学ぶことの熱心さは子供たちばかりではなく、村の大人にも学ぶ楽しさや徳の道を、洒落《しゃれ》を交えながら、本に書いてある文の解釈や商いの話をしている。この講釈の日が近づくと子供たちは、それぞれに講釈の日やどのような本で話をするか半紙に書き、村中はもちろん近隣の村々まで貼り歩いて宣伝している。子供たちにとっては勉強するより楽しく、師匠の手伝いが皆で出来ることが松聲堂の子供であることに誇りを持てることもうれしかった。師匠の熱心さはそれにとどまらない。

（夜間の手習い）

昔の農村はすべてが人の手によって行われる農作業であった。春の種まきから始まり、それが終わると雑草取りが始まる。人力で引く鋤《すき》（小さな草をこの鋤で歩行の速さで耕し取る）は子供も動力の一部だったから年中手伝わされていた。村の中には学びたくても束脩料《そくしゅうりょう》が払えない子供もいた。経済的理由ばかりでなく、親たちの仕事の都合によっても手習所に行けない子供もいたが、せめて読み書き位のことは出来るようにさせたい。そのような思いから安政二年（一八五五）九月から家の仕事を終えてから学べる、夜間の読み書き教室を開いて教えている。この時に来た子供は五人であった。

（塾中《じゅくちゅう》）（寄宿生のこと）

松井渙斎師匠の時も師匠を頼って遠くから入門してくる子供がいた。小さい子供では毎日通いでは無理なので塾中（寄宿）で教える制度があった。遠いから寄宿するという理由ばかりではなく、師匠と生活を共にし、学業以外、普段の躾《しつけ》をも学ばせたいという親もいた。村なかの子供であっても塾中にさせている。この子供たちは自分で食べる米や味噌野菜などは持参し、自分たちで炊事洗濯もした。昼間の学習が終わり掃除が終わってからと、夕食が済んでからの時間に師匠から教えてもらっている。（塾中のことは手塚語重氏の「西野聖堂の想い出」にも描かれているので参照。）

（天神社の奉祀《ほうし》）

師匠の熱心さは信仰にも表れている。

私塾（寺子屋）では子供たちの学びが上

子どもの人力で引く鋤
（「夢」白根町誌より）

達するよう学問の神様である天神様をお祀りしていた。天神様は学問の神様である菅原道真《すがわらみちざね》を信奉《しんぽう》（信じ尊ぶこと）したもので、一月二十五日にお祭りをしている。子供たちが学問に興味を持ってもらいさらに上達するようにとの思いから、宮浦東谷師匠も嘉永二年の一月二十五日に、始めて天神祭りをしている。

この日は、皆で手習が上達するようお祈りをしてから、師匠が出してくれる簡単な食事を皆で頂く、それこそ楽しい行事だった。その天神様をいつでもお参り出来るようにと安政五年の一月二十五日に師匠が天神社を奉祀している。今もその時の祠《ほこら》が松聲堂跡地に祀られている。

天神社

私塾などでは日本の神様である天神様をお祀りしていることが多かったが、学問の神様はもう一人いて、中国の儒教の祖であり儒学の祖でもある孔子を神様としてお祀りしており、そこを聖堂と呼んでいた。西野手習所も松聲堂の名前の外に「聖堂」とも呼ばれていた。前項にその理由は記してある。

29　宮浦東谷顕彰碑

宮浦東谷師匠は明治四年三月十八日に子供たちに見守られながら学舎の師匠の部屋で亡くなった。人生最後の二十四年間を子供たちと共に過ごしただけに子供たちからは師匠というより、自分たちのおじいちゃんのような親しみがあったようで、いつまでも子供たちと一緒にと、亡骸《なきがら》は学舎の東に埋葬した。本来はお寺の墓地に埋葬する処であったが（当時はまだ自分の屋敷に埋葬出来た）江戸から来た人で、市川大門に住んでいた時の宗門届（現在の住民票）も不明で、かつ西野に来てからの檀家寺もどうなっているのか全く不明。先代の松井師匠は曹洞宗の宝珠院に宗門届を出している。小林藤之助代官の口利きで前師匠と交代したことと、学舎に住居もあることから西野での身元引受人もなかったようだ。さらに宮浦姓を引き継いだのに、宮浦家について全く語らなかったことから、連絡しようもなかった。師匠の遺言に従い子供たちに見守られながら学舎の東に埋葬された。

宮浦東谷師匠が亡くなったその年から、学校制度もすっかり変わり二年後にはすべての村々に小学校が創られるようになる。今までのように学びたい子供だけが入門する時と違い、すべての子供が入学し、年限も六年となり大勢の子供が在籍することになる。大正九年七月ついに運動場の拡張に迫られることになり、天神社と共に師匠の墓標を校舎の東北に移動した。しかし師匠の亡骸の上を子供たちが踏みつけ歩くのは忍び難いとの思いから、改葬することになる。大正十三年（一九二四）八月、師匠の遺骨を掘り起こし、松聲堂の発祥の地である宝珠院に改葬した。改葬式と五十年法要はその年の十二月十八日に宝珠院において執り行われ、同時に西野小学校においても宮浦東谷師匠の顕彰碑の除幕式も行われている。

宮浦東谷墓（宝珠院）

宮浦東谷師匠顕彰碑　（語意、ふりがなは著者）

松聲堂碑文

西野郷は、甲斐国巨摩郡西郡筋原七郷の一つなり、辺鄙《へんぴ》にして文教の興《おこ》らざること久し。里正《りせい》手塚幸蔵之を概《なげ》き、同僚及び村民と謀《はか》り、且つ花輪村時習館主内藤清右衛門並びに隣村の有志十数輩の賛助を得、天保六年官の允許《いんきょ》（ゆるしをえる）を請い、村持小物成千有余坪を以て敷地に充て、西野手習所を創設し、松聲堂と称す。地神域に接し、老松うっそうとして清籟《せいらい》（清らかな風の音）は伊吾《いご》（書を読む声）の声に和す、蓋《がい》しこの名のある所以《ゆえん》、世また西野聖堂というなり。初め渙斎松井先生を聘《へい》して教授となす。その功績はさらに勒《ろく》して(文章にして整えてある)石に存す。次に東谷宮浦先生を聘してそのあとを継ぐ。先生、本姓は雨宮氏、故有りて宮浦氏を継ぐ、いなみは義房、東谷と号す。通称庄左衛門、小字慶藏という。文化五年十月某《なにがし》日、武州葛飾郡二合半領早稲田村に生まれる。郷士伝十郎の長子なり。幼にして学を好み書をよくす。弱冠にして、江戸に出て、文武を兼修して大洲藩に出仕す（仕える）。天保十年、同藩士と甲州市川役所の代官小林藤之助に客す。居ること十年、嘉永元年八月本校の教授となる。先生人なり温厚篤実、夙夜《しゃくや》（朝早くから夜遅くまで）励精《れいせい》（心励ます）、提悔解ならず（教え衰えず）、教えの効果、薫花《くんか》の徳、門隣に及ぶ。遠近仰慕し、来たりて賛をとるもの前後数千人、名声籍甚《せきじん》（評判が高い）今に至るも衰えず。職にあること二十四年、明治四年三月十八日病を以て卒《そつ》す。遺志により校地の隅に葬る。門生相議りて墓を樹《た》て尊仕《てんし》（お祀りする）す。先生、一瀬氏をめとり三女を生む。長を久麻といい上八田村手塚弥市右衛門に嫁す。次を美也といい市川大門村渡辺藤八に嫁ぐ、三女元吉といい高遠藩士松井藤七郎に配す。松井氏その後を継ぎて門生を教授す。いまだいくばくもならずして辞し去る。同年八月甲府県の允許をえて西野郷学校と改める。県学徽典館、教官を派遣し学を督す。六年九月、学制に寄り公立小学校西野校と称す。

松声堂碑

聖代の治。教育ぼっこうし、校運隆昌して規模拡大し、ついに先生の墓域を移さざるを得ざるに至る。すなわち宝珠院に改葬す。ここにおいて門下及び有志あいはかり、郷学の沿革を明らかにし、かつ先師の遺徳を頌し、貞民（石碑のこと）に勒《ろく》して（ととのえる）もってこれを不朽《ふきゅう》に伝えんと浴し、余に嘱託す、余はかって門下にありし者、拠《よ》って、これを辞退すべからず、よって其の梗概《こうがい》（あらまし）を叙《じょ》す（述べる）となんじいう。

大正十三年十二月十一日　従七位勲七等手塚語重撰す

仙場東太郎書す

門人一同之を建つ

この時に門人たち一同が歌を作り発表している。

宮浦先生公徳の歌

一、五十余年のその昔　松聲堂に師父として世の人々に慕われし

宮浦東谷先生よ

二、流れも凍る冬の朝　鉄溶《てっと》くる夏の日も　厭《いと》わず飽かず教子を
導き教え給へけり

三、仰げば高し師父の徳　思へば深し師父の恩富士の高嶺も大洋も
譬《たと》へんもののなかりける

30　三代目師匠　松井藤七郎

明治二年（一八六九）の早春、若い青年が一通の書状を携え松聲堂の宮浦東谷師匠の所を訪ねてきた。書状は伊那《いな》県（明治初年の長野県南部の県名）寺社掛書記の青島貞賢からであった。「小生は市川大門村の弓削《ゆげ》神社の息子で、西野手習所で松井渙斎に教えを受けた者である。この青年は学問に大変優れているが、故あって村に居にくいので、昔小生が世話になった手習所の助教にしてはくれないだろうか」というお願いであった。そのようなことから西野手習所において助教として子供たちを教えることになったのが松井藤七郎という人である。

松井藤七郎は信州高遠《たかとう》藩の藩士、松井忠兵衛の次男で、十三歳のとき、藩主の参勤交代に従い親と共に江戸藩邸（現新宿御苑）に住み、江戸にて勉学に励む。元治、慶応頃の江戸の市中は、幕府存続か尊王攘夷か（天皇を尊崇し外国人を排斥しようとする考えで、これが王政復古の運動と結びつき、倒幕運動に動いたもの）と、騒然としていた。江戸とはいっても新宿はまだ宿場町が大きくなったくらいの所ではあったが高遠藩は尊王派に傾いていたという。そのような江戸の町で多感な青春時代を過ごしていた。

十八歳になった慶応四年（一八六八）、学問を終えたため高遠に戻った藤七郎はまだ職も決まらず、これからどうしょうと考えているところであった。そのようなもやもやとした気持ちの中、下諏訪に用事で出掛けていった。おりしも相楽総三《さがらそうぞう》が率いる赤報隊《せきほうたい》が、下諏訪に進軍して駐屯していた。赤報隊というのは、薩摩、長州の連合軍が江戸を攻撃するための先鋒隊《せんぽうたい》で、相楽総三（本名、小島四郎左衛門将満）を隊長として、年貢（税金）半減を布告しながら、京から中山道《なかせんどう》を江戸に向かって進み、江戸の町を攪乱するための官軍であった。進軍の道々で仲間を勧誘しながら、隊を大きくして下諏訪まで来て駐屯していた。

そのようなところに出くわした藤七郎は、自分にも新しい時代へのときめきもあったのだろうか、名前を松井藤七郎から荒木道衛に変え入隊している。二月十八日（旧暦）本隊を下諏訪に残し、先発隊が関所の引き渡しを交渉するため碓氷峠に向かう。総勢七十余名、荒木道衛もその中にいた。この時、関所の周りの藩には「赤報隊は偽官軍であるから討伐せよ」との触れがまわっていた。おりしも降りしきる雪、雪の中で戦闘になってしまった。多勢に無勢で逃亡するもの、殺される者、そしてほとんどの者が逮捕されてしまう。その数、岩村田《いわむらた》に十八名、御影《みかげ》陣屋に八名、小諸藩《こもろはん》に五名、安中藩に十三名、といった人たちが囚われの身になってしまう。この捕獲闘争の起きている最中、隊長の相楽総三は本部との交渉のため留守をしていた。帰ってきたところで幹部全員が呼び出されたうえ、全員が逮捕されてしまう。縛られたままの姿で雨ざらしにされた上に、何の取り調べもないまま首を切られてしまったのである。

本来官軍であった赤報隊は、岩倉具視《いわくらともみ》の命によって、薩摩藩邸から出発し、江戸攻撃への攪乱を意図した進軍であった。進軍中に年貢半減などと触れ回っていた。この言動は総督府にとって資金不足をきたしてしまうとの考えと、意見の違いになったことから、総督府は赤報隊は偽官軍である、と信州の各藩に赤報隊の追討を命じたものであった。

31　囚われの身

中山道坂本宿《さかもとじゅく》西端の阿弥陀堂近くで、二人が殺害され、横川の関所近くで十三名が逮捕された。逮捕された者は、安中城中の揚屋《あげや》（牢屋《ろうや》のこと）に監禁されてしまう。この牢屋に入れられた逮捕者の面倒は、村々の名主が交代で牢番役を務めていた。逮捕された人は小谷大五郎、熊勢又之進、武川吉五郎、児玉〆蔵、嵯峨熊五郎、岡村弥兵衛、佐藤竹之助、松下房太郎、橋爪弥十郎、大島増吉、三井八十三朗、土屋勝五郎、（偽名の人が多い）その中に松井藤七郎（荒木道衛）もいた。ある日、梁瀬《やなせ》村（現安中市梁瀬）の名主、小森谷《こもりや》柳造《りゅうぞう》が牢番役として揚屋に行ったところ、牢内の彼らは意気消沈としてい

安中城の牢（小森谷家蔵）

た。そこで柳造は即興で短歌を差し入れた処、彼らに喜びの表情が浮かんできた。やがて十八歳の松井藤七郎と話を交わすようになり、柳造は彼らを励ますため次のような歌を贈った。

「木の股をはいくぐりたる藤が枝もやがて高嶺に花ぞ咲ける」

（意味）木の股をはいくぐってきた藤の枝も、やがて木の高い処に花をいっぱいつけることでしょう。

因人の中で最年少であった荒木（松井藤七郎）は、この歌の差し入れに大変感動したとみえ、五月晦日《みそか》（五月の最終日）いよいよ牢から釈放される時、自作の漢詩を一首書いて、これを柳造に渡してくれと城中の牢見張りに頼む。達筆で書かれた漢詩は以下のとおりである。

清夜因中対名月　　せいやいんちゅうめいげつにたいす
望郷思起故園情　　ぼうきょうおもいおこすこえんのじょう
何処風笛飛声急　　いずこのふうてきかひせいきゅうなり

折柳歌少万紫生　　せつりゅうのうたばんしょううるをかく

因中懐郷　荒木彦　　いんちゅうふるさとおもう　（彦は男子の美称）

（意味）

清らかに澄み渡った夜、牢屋の中で明月を見ていると故郷の思いが胸に迫る。どこかで笛のような風の音が、私をせかすように聞こえる。別れの歌を作って励ましてくださったけれど、昔、中国では別れるときに「折柳の歌」（柳の枝を折って旅人が無事に帰ることを祈った故事）を歌って再会を願ったという故事があるが、あなたの歌のような、花の咲くような時は私には無いかもしれない。（柳造の柳と、別れの折柳が読み込まれている）

（訳　淡路博和）

この漢詩は表装され掛け軸として、梁瀬の小森谷家に残されていた。しかし、同家では長年にわたり謎の掛け軸として、いったい誰が書いたものなのか、なんでこ

松井藤七郎書
（小森谷家蔵）

の家にあるのか、歴史的な意義も全くわからないままであった。ところが、柳造の息子の啓作が書き残した回想録「尚翁《しょうおう》茶話《さわ》」（大正十一年、六十八歳の時、見聞きした歴史的な出来事を記した記録）が同家から見つかり、その中に偽《にせ》官軍《かんぐん》についての記述があり、今まで全くわからなかった掛け軸の漢詩が書かれていた。

このことを見つけ出し、発表したのは、安中市の文化財調査委員の淡路博和氏であった。掛け軸を見た淡路氏は、このような達筆の漢詩を書いた松井藤七郎という人物は、どのような人で、どのような活躍をした人だろうか。どうしても知りたくて、長野県の高遠教育委員会に問い合わせをしているところであった。しかし親の名前は高遠藩の藩士名簿にはあるものの、藤七郎の名前は全く不明であるとのことであった。

時を同じくする頃、筆者も僅かな記録しか残されていない、松聲堂の松井藤七郎という人が、なぜ信州の高遠から来て、先生になったのか。高遠に行き、高遠藩の藩校「進徳館《しんとくかん》」の名簿や藩士名簿を調べたがなかった。図書館ならと思い、高遠図書館に行き、幕末頃の藩士名簿や、様々な資料を出してもらっていると、係の人が「いったいどなたを探しておられるのでしょうか」と問われた。「松井藤七郎なる人物を探しているのです」と話すと、「え？　その人物をもう一人の人も探しておられますよ」というではないか。

奇しくも安中市の淡路博和氏のことを知ることになる。しかしその事件から、どのような理由で西野の松聲堂に来ることになったのか、謎のままどうしてもわからない。

その糸口が赤報隊にあった。

尚翁茶話を残した小森谷啓作
（小森谷家蔵）

32　松聲堂への旅だち

赤報隊の幹部八名が斬首された下諏訪の現場に、明治三年（一八七〇）六月、魁《さきがけ》塚《づか》が建てられた。赤報隊の行動を事件のあった地元ではどのように受け止めていたのか。藩制下にあった信州の人たちは、赤報隊の呼びかけに応募した人たちを、冷たい蔑みの目で見ていたことが各地の昔語りに残されている。

いっぽう、新しい体制の王政復古を望む人たちも沢山いた。特に信州には平田学（平田《ひらた》篤胤《あつたね》、幕末の国学者で尊王復古を主張した人）の門人（教えを受けた人）も沢山おり、この人たちは、新政府の赤報隊は偽官軍であるとの扱いや、斬首《ざんしゅ》の刑に異議を唱え、名誉回復に動いた。それが魁塚である。この魁塚の建立の委員には、落合直言、渡辺鍋八郎、松尾真琴、青島貞賢、北原稲雄、北原東五郎、市岡鎌市郎、藤沢中務がなっている。この中の落合直言（五十馬）の兄落合直亮は、赤報隊の副総裁であった人で、直亮は明治元年伊那県の判事として送り込まれてきた。この派遣は、岩倉具視が信州人の赤報隊の惨事を宥《なだ》めるためにとられたものだったとされている。

明治三年一月、直亮が伊那県の大参事（現知事）になったときに新政府の兵部省に魁塚の建立を請願し建てられたものである。この委員の中に青島貞賢という人物がいるが、何でこんなところに？と疑問があった。

魁塚

この人は甲州市川大門村弓削《ゆげ》神社の神官であるはずだが、同姓同名の人ではないかと筆者は思った。

しかし明治元年（一八六八、慶応四年は九月七日まで、八日より明治に改元）高遠藩を含む信州が廃藩置県になった時、伊那県という名前になっている。伊那県になったとき職員を募集しており、そこに青島貞賢は応募して、庶務兼社寺掛書記として出仕していた。県庁に入ったのが九月、その数か月前に起こっ

青島貞賢
（中込龢原図）

た事件。係として関わらざるを得ない事情にあったことや、考えの中に尊王的考えが（平田篤胤気吹舎門人で、北原稲雄の紹介で入門している）あったこともあり、魁塚の発起人になったものである。この青島貞賢は子供の時、西野手習所で松井渙斎師匠に教えを受けている。

その頃、安中藩の牢から釈放された松井藤七郎は、故郷の高遠に帰ったものの世間の冷たいまなざしに、親元での居にくい日々を送っていた。そのような時にかつての上司であった赤報隊の副総裁をしていた落合直亮（その時四十一歳）が、伊那県の判事として赴任してきた。この時社寺掛かりであった青島貞賢と知り合い、これが魁塚の発起人に名前を連ねるものであった。県庁のある伊那は高遠のすぐ隣である。牢から釈放されていた松井藤七郎のことも聞かされており、部下の名誉回復とこれからの行く末に心を痛めていた。十八歳という若さ、それに赤報隊に居たとき、新しい時代への情熱、江戸での学問の習得などもあったことから落合直亮にも励まされ、過去を知る人もいない処にとの配慮もあって、かつて青島貞賢が学んだことがある甲州の西野村にと旅立ったのである。

慶応から明治にと元号が改元されると各地にあった藩は廃止され、そこに県が置かれたがまだ流動的なものであった。藩は無くなったので当然藩校も消滅してしまった。郷学校の様なところも消滅したところと、村で存続させたところもあったが、個人の寺子屋（塾）はそのまま存続して教えていた。まだ学校という制度は創られていなかったため、学問に堪能であるからと言っても師匠になれる状況にはなっていなかった。幸い西野の松聲堂は村立の郷学校であったがため、幕藩体制崩壊のどさくさの中でも存続し勉学が続けられていた。そのような時に青島貞賢が学んだことのある松聲堂ではあるし、師匠の外に助教の人もいたことから、助教にとお願いをしたものであった。

松井藤七郎が松聲堂に来た時、二代目の師匠宮浦東谷が教えていた。明治二年には宮浦東谷師匠は六十一歳になっており、三人の娘がいた。長女は手塚家に、次女は渡辺家に嫁いでいた。師匠が年を取っていたことと、学識だけでなく人々にも信頼されていたことから三女元吉を藤七郎の伴侶として託している。

藤七郎の噂を聞いて、わざわざ信州の高遠から入門した子供もいる。長坂政義という子供で元は甲州の出で、武田滅亡の時に高遠に逃避した家で、大きく農業をしていた。有野の矢崎家とも姻戚関係がありここを頼って松聲堂に来ている。手塚語重氏の「松聲堂の想い出」の中にもこの人のことが書かれている。明治六年学制が発布され小学校が創られると、この人は松聲堂を卒業すると西野小学校の校長、源小学校の校長を長く勤めた人で、藤七郎はこのような人も育てている。

33　悲運な人生

助教の松井藤七郎は、西野の村人にも、子供たちとも慣れ、教えることにも慣れてきた。明治四年三月十八日、師匠である宮浦東谷が亡くなってしまう。師匠の亡骸は子供と一緒にいるのが好きで、この子供たちにすべてをささげるような後半の人生だったことから運動場の隅、現在天神社のある所に埋葬された。その後を村役の人たちの協議で、松井藤七郎が松聲堂の三代目師匠にと決まる。

その矢先皮肉にも明治政府は「学制」を発布。今まで公の教育機関であった郷学校は、新たに郷学校とし、これらの学校には徽典館の先生を派遣する、という通達であった。なったばかりの松井藤七郎師匠は、ここを去らねばならない運命と知りながら、郷学校の認可の手続きを甲府県（山梨県となる前の県名）庁に取り、八月には認可が下りる。この時から「西野学校」と名称が変わり、西野手習所、松聲堂

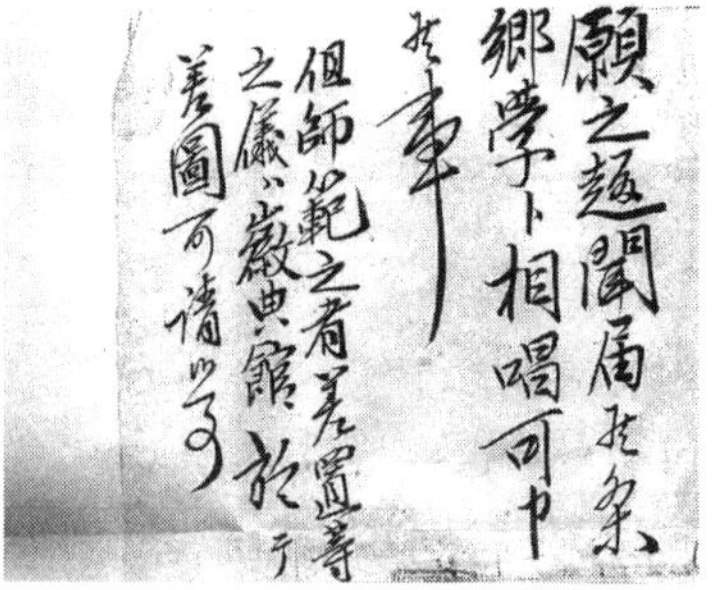

願之趣聞届於其
郷学ト相唱可申
事
但師範之者差置等
之儀ハ徽典館於テ
差図可請もの也

明治４年郷学所認可証
（切刀幹浩家文書）

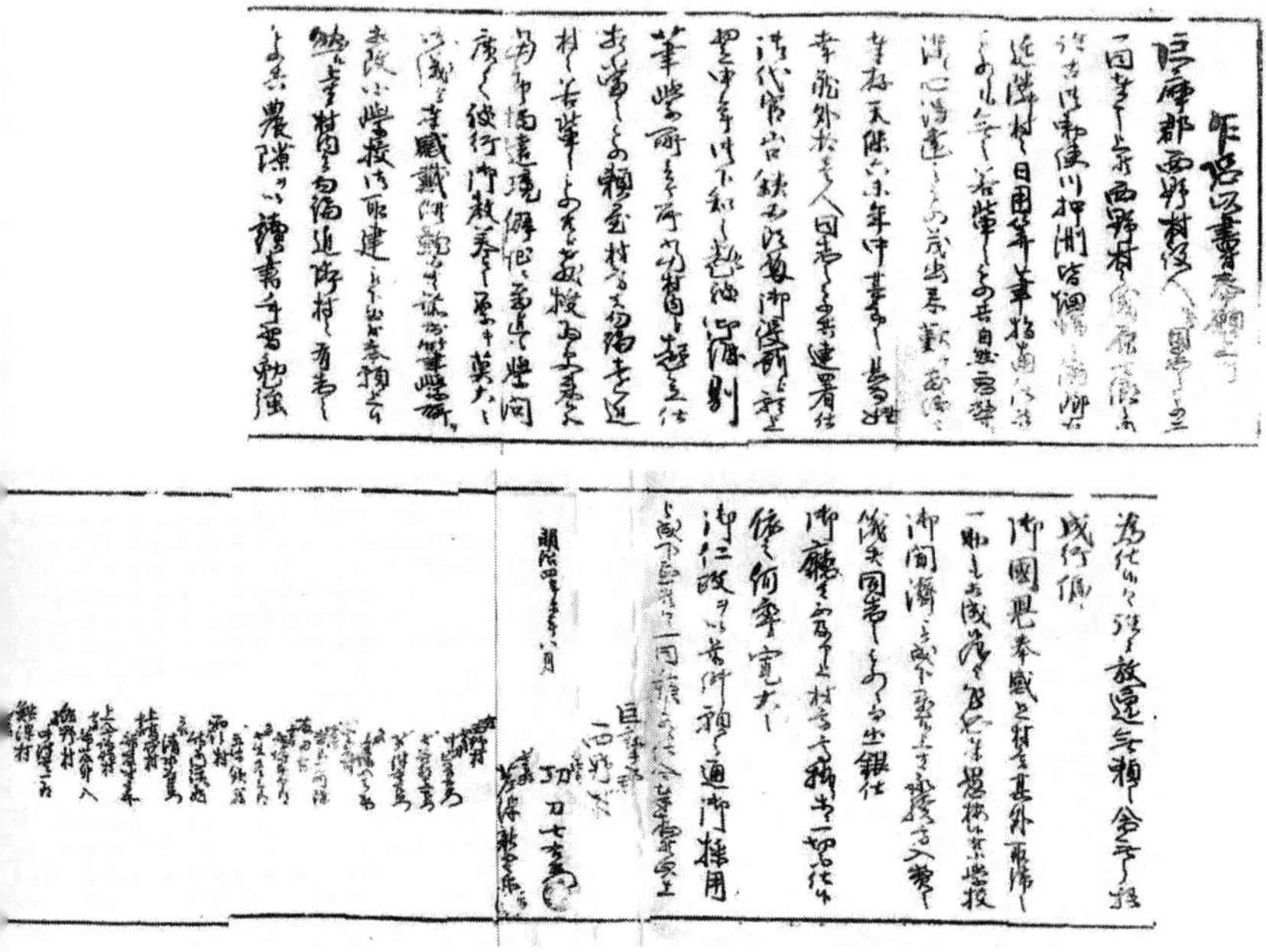

明治４年甲府県郷学申請願（切刀幹浩家文書）

の呼び名も使えなくなってしまう。西野手習所の名前が消えると共に松井藤七郎も妻と子供直恵と共に西野を去っている。

運から見放されてきたのはこればかりではない。西野に来る時から見えぬ亡霊を背負ってしまったのではなかろうか。せっかく高遠や伊那の人の温かい励ましで、赤報隊の汚名に気付かれない配慮から甲州に来たのに、赤報隊が偽官軍であるから討伐せよとお触れが出ていた同じ時、甲州にも同様な事件が起こっていた。偽勅《にせちょく》使《し》事件である。

慶応四年（一八六八）二月三日、官軍鎮撫隊《かんぐんちんぶたい》が東山道を進軍してきた。勅使《ちょくし》高松宮皇太后少進殿の後見役小沢雅樂助《おざわうたのすけ》の先触隊であった。これは赤報隊と同じような官軍の別動隊だといわれている。先触隊は来る途中で逸見《いつみ》筋、武川《むかわ》筋の浪人たち、それに御岳の御師《おし》や神主などを従えていた。甲府にやってきた理由は、甲府城の明け渡しの交渉であった。その頃妙な噂が立っていた、先触隊の小澤雅樂助は彫刻家の小沢一仙《いっせん》ではないかそのような噂が飛び交っていた。そのような中に本隊の権三位元侍従《じじゅう》、高松実村が十一日にやってきた。同じころ京都の柳原、橋本公卿《くぎょう》の使者として土佐の黒岩次郎之助、林恵右衛門等が甲府鎮撫の先発として入ってきた。この人たちによって、高松少進は勅命を受けない偽物との言動から、小沢雅樂助は捕らえられ、山崎で打首獄門にされてしまう。このような事件が松井藤七郎が捕らえられ牢に入れられていた同じ時に甲府でも起きていた。同様の事件が山梨でも起きていたことなど全く知らず。甲州なら捕らえられ牢に入れられたことなど、誰にも知られずに過ごせるだろう、との思いやりでやってきたのに、始めは誰にも咎められずにいたが、高遠からの入門者もあり、噂は薄々ながら広まっていた。

慶応から明治にかけて日本は、幕府存続か、尊王攘夷のもと新しい国にしてゆくか、様々な動きが起きており、尊王派は幕府転覆を狙って挑発を重ねていた。そのようなことからこの様な事件は幾つも意図的に起

小澤一仙の彫刻
（市川三郷町　熊野神社）

こされていた。もちろん民衆は挑発などの意図は全く知らされていないので、尊王派の内輪《うちわ》揉《も》めから出た先鋒隊の取りつぶし策であったものが「偽」だけが前面に出たことから、これらに参加した人たちは皆罪人扱いにされてしまっていた。もちろん松井藤七郎も赤報隊で捕らえられたことは噂として広まっていたが、甲府で同じような事件があったことから、村でも陰では罪人扱いにされていた。松井藤七郎が三代目の師匠に決まったころ、信州の人たちは赤報隊の行動は必ずしも偽の行為ではないと、名誉回復の運動が起きていた。

西野村の人も、松井藤七郎もこのような動きがあったことなど全く知らなかった。松井藤七郎は西野の人たちから白い目で見られながら、消え去る様に西野から消えている（以後の消息は全く不明）。まだ明治の体制が不明瞭で、遠くのニュースなど届かなかった中では致し方のない村人の行為であったが、新進気鋭の若者が三年（助教として二年四か月、師匠として六か月）という短い師匠で終わってしまった。前二人の松井渙斎、宮浦東谷の素晴らしい師匠は、江戸幕府の体制の中、朱子学の道徳心は植え付けられ、世間にも知られる存在になっていた。

松聲堂最後の短い間の指導者松井藤七郎ではあったが、子供の心にいちばん影響を及ぼした師匠ではなかろうか。大人たちは罪人扱いでうさん臭さを持っていた。しかし子供たちとは年も近かったし、世間の冷たいまなだしを肌で感じていただけに、子供には逆に、希望に満ちた温かい心で接していた。親たちの話と、松井藤七郎の行動の隔たりが、返って憧れに近いものを生み出したのではないか。明治維新と呼ばれる新しい国を作ってゆく目覚めの時、その中に飛び込んでいった行動力と考え方。手習いの中ではおくびにも出さずとも、子供はその影を感じ取っていたのではなかろうか。農民は農民にしかなれない、今までの考えや制度から、枠の外を見たい。その例がすでに近くで芽生えていたことにもある。隣の在家塚村の若尾逸《わかおいっ》平《ぺい》は若い時野売りをしていた同じ農民で、安政六年（一八五九）、横浜開港と共に外国との生糸貿易をすでに行っていた。農民は農民にしかなれない分をわきまえる規範と違う、そのような考えで動いていた人がいたこともあって、子供たちは松井藤七郎に新しい時代への憧れを、感じ取っていたのではなかろうか。

松井藤七郎が去った後、申請のように昌平坂学問所の分校である徽典館から、根岸好太郎、團藤四郎、富田啓作、富田富、増田寛等一年四か月の間に五名の師匠が次々と替わり教えている。この時に学んだ子供たちが大人になったとき、村の農業がほかの村とは全く違う動きをしている。

明治三十七年（一九〇四）、この付近の換金作物の木綿、たばこが大きく変わってゆく。主産業であった煙草製造と販売が規制され、大正五年（一九一六）からたばこの栽培も禁止された。この時生糸の輸出が好調で、養蚕は好況であった。しかしこの一帯はたばこに含まれるニコチンの殺虫力が災いして蚕の虫が飼えなかった。煙草製造禁止と耕作の禁止からニコチンの害が無くなり、蚕の虫が飼えるようになったことから扇状地一帯の村々は、見渡す限り桑園にと代わってしまう。蚕の飼育養蚕農家になってしまった。生糸の輸出で日本の経済は賄われた時代を作っている。そのような中にありながら西野村の人たちは養蚕もしながら明治初めから試行錯誤のうえ、桃、ブドウ、桜桃など果樹の営利栽培にのりだしている。果樹産業は昭和の戦後まで隆盛を極めた。さらに大正終わりの年から温室メロンの栽培など、周りの村々とは全く違った動きをしながら、乾燥地で、さらに生産力の乏しい痩せ地の村を発展させてきた。

明治初めの混乱した時を松聲堂で学んだ人たちの墓誌に、松聲堂で学んだ誇りが刻まれ今に伝えられている。

参考文献

『西野学校壱百年記念誌』西野学校壱百年記念祝賀協賛会　一九三五・一一
『西郡史話』中込松弥　西郡史話刊行会　一九六七・二
『西郡史談』手塚豪　一九九三・一一
『水を求めて三百年 原七郷苦闘の記録 野呂川水道30周年記念誌』山梨新報社編
野呂川水道企業団　一九九〇・一〇
『山梨県史 民俗調査報告書』山梨県史編纂専門委員会民俗部会　一九九六・三
『中巨摩郡郷土研究』中巨摩郡連合教育会編　一九三六・三
「水と生活 昭和三十一年教育研究大会資料」中込松弥
『山梨の百年』佐藤森三、上野晴朗、飯田文弥　NHKサービスセンター甲府支所
一九六八・一二
『山梨県の歴史』飯田文弥、秋山敬、笹本正治、齋藤康彦　山川出版社　一九九九・一

『夢酔独言他』勝小吉著、勝部真長編　平凡社　一九六六・五・一〇
『郷土にかがやく人々』青少年のための山梨県民会議　一九八二・一二
『山梨の人と文化 山梨学講座2 政』山梨県生涯学習推進センター　山梨ふるさと文庫
二〇〇四・五
『山梨の近代』有泉貞夫　山梨ふるさと文庫　二〇〇一・二・三
『学び舎の誕生 近世日本の学習諸相』多田建次　玉川大学出版部　一九九二・八
『日本教育小史』山住正巳　岩波新書　一九九一
『近世藩制・藩校大辞典』大石学　吉川弘文館　二〇〇六・三
『近世の学校』石川謙　高陵社書店　一九五七
『日本近代学校成立史の研究 廃藩置県前後における福沢諭吉をめぐる地方の教育動向』
玉川大学出版部　二〇〇七・一〇
『江戸の寺子屋入門 算術を中心として』佐藤健一編　研成社　一九九六・七
『私塾が人をつくる人材を磨く手作り教育のすすめ』大西啓義　ダイヤモンド社　一九九六・七

『江戸の教育力 近代日本の知的基盤』大石学 東京学芸大学出版会編集委員会編
東京学芸大学出版会 二〇〇七・三
『江戸の教育力』高橋敏 筑摩書房 二〇〇七・一二
『学びの復権 模倣と習熟』辻本雅史 岩波書店 二〇一二・三
『農村と教育』世田谷区教育委員会生涯学習部管理課民家園係 一九九五・一〇
『甲斐国医史』村松学佑 甲斐国医史刊行会 二〇〇二・一一
『山梨県総合郷土研究』山梨県師範学校、山梨県女子師範学校 名著出版 一九七八・二
『郷土史読本』山梨県教育委員会 一九七五
『奈麻余美文庫 甲州の寺子屋』植松光宏 平成一〇・四・五
『甲州の出版文化』植松光宏 甲府市教育委員会 平成二〇
『学問のすすめ 現代語訳』福沢諭吉、檜谷昭彦訳 三笠書房 二〇一〇・一一
『山梨県の漢字碑』佐藤八郎 一九九八・三
『御旗本物語 日本史の意外な証言者たち』谷有三 未来社 一九八九・一
『天保騒動始末記 甲州と江川担庵』島田駒男 一九八二・一一

『真説甲州一揆 犬目の兵助逃亡記』佐藤健一　時事通信社　一九九三・四
『江戸の旗本辞典』小川恭一　KADOKAWA　二〇一六・一
『江戸時代を「探検」する』山本博文　文芸春秋　一九九六・一
『江戸浅草を語る』浅草寺日並記念研究会編　東京美術者　一九九〇・一二
『江戸の遺伝子 いまこそ見直されるべき日本人の知恵』徳川恒孝　PHP研究所　二〇〇七・三
『江戸の親子』太田素子　中央公論社　一九九四・五
『江戸の情報力ウェブ化と知の流通』市村祐一　講談社　二〇〇四・一
『江戸幕臣人名事典第3巻』熊井保、大賀妙子　新人物往来社　一九九〇・三
『江戸の武家名鑑武鑑と出版競争』藤實久美子　吉川弘文館　二〇〇八・六
『江戸幕府旗本人名辞典第1巻』小川恭一編著　原書房　一九八九・六
『江戸幕府の代官群像』　村上直　同成社　一九九七・一
『徳川幕府全代官人名辞典』村上直、和泉清司、佐藤孝之、西沢淳男編　東京堂出版　二〇一五・三
『江戸幕府代官史料』荒川秀俊・村上直編　吉川弘文館
『ある文人代官の幕末日記 林鶴梁の日常』保田晴男　吉川弘文館　二〇一九・一一

『重宝記の調方記』長友千代治　臨川書店　二〇〇五・九
『江戸の家計簿』磯田道史監修　宝島社　二〇一七・一
『武士の家計簿「加賀藩御算用者」の幕末維新』磯田道史　新潮社　二〇〇三・四
『江戸武士の日常生活　素顔・行動・精神』柴田純　講談社　二〇〇〇・一一
『江戸三〇〇年「普通の武士」はこう生きた　誰も知らないホントの姿』八幡和郎、臼井善法
ベスト新書　二〇〇五・八
『幕末下級武士のリストラ戦記』安藤優一郎　文芸春秋　二〇〇九・一
『図録・近世武士生活史入門事典』武士生活研究会編　柏書房　一九九一・一
『図解武士道のことが面白いほどわかる本　日本人の心のDNA』山本博文　中経出版　二〇〇三・八
『武士道』新渡戸稲造　奈良本辰也訳　三笠書房　一九九三・二
『天明蝦夷探検始末記』照井壮助　八重岳書房　一九七四・九
『エゾ探検始末記』照井壮助　清水書院　一九七一
『上野人物志』岡部福藏　上野郷土史研究会　一九二四
『蝦夷拾遺物語』笠原範夫　創栄出版　一九九四・九

『徽典館』徽典館先賢碑文解説補遺　佐藤八郎　一九七八・九
『史跡名勝天然記念物調査報告第八輯』山梨県　一九三五
『中国古典百言百話』老子荘子大学中庸　ＰＨＰ研究所　一九八七・七
『甲州文庫目録』学問のもとすえ　小野泉　内藤伝右衛門　一八七三
『日本の近世13儒学・国学・洋学』頼祺一編　中央公論社　一九九三・七
『漢学と洋学 伝統と新知識のはざまで』岸田知子　大阪大学出版会　二〇一〇・九
『儒教のこころ 孔子と目指したその思想』鈴木利定　中央法規出版　一九九八・五
『仏教と儒教 どう違うか50のQ＆A』ひろさちや　新潮社　一九九九・六
『常識として知っておきたい日本の三大宗教 新道・儒教・日本仏教』歴史の謎を探る会編
河出書房新社　二〇〇五・一二
『孔子人間、どこまで大きくなれるか』渋沢栄一　竹内均編　三笠書房　一九九九・三
『図解跳躍論語』許成準　彩図社　二〇一四・一二
『孔子と論語がわかる事典 読む・知る・愉しむ』井上宏生　日本実業出版社　二〇〇二・一〇
『日本思想体系51』（国学運動の思想　芳賀登）岩波書店　一九八四・八

『江戸儒教と近代の「知」』中村春作　ぺりかん社　二〇〇二・一〇
『朱子』三浦国雄　講談社　一九七九・八
『朱子学』木下鉄矢　講談社　二〇一三・七
『江戸の朱子学』土田健次郎　筑摩書房　二〇一四・一
『儒教三千年』陳舜臣　朝日新聞社　一九九二・三
『小伝乙骨家の歴史 江戸から明治へ』永井菊枝　フィリア　二〇〇六・六
『ぐんま地域文化 第二号』群馬地域文化振興会　二〇〇四・五
『明治維新草莽運動史』高木俊輔　勁草書房 一九七四
『相楽総三・赤報隊史料集』西澤朱実編　マツノ書店　二〇〇八・八
『相楽総三とその同志 上下』長谷川伸　中央公論社　一九八一
『幕末明治の女性内藤ますの生涯とその教養形成過程』河田敦子編著
　お茶の水女子大学グローバルCOE「格差センシティブな人間発達科学の創成」二〇一〇・三
『偽勅使事件』藤野順　青弓社　一九八三・五
『資料と研究 第十輯』山梨県立文学館　二〇〇〇・一

『山梨県教育百年史 第3巻昭和後期編』山梨県教育委員会　一九七九・三
『嘉永慶応江戸切絵図』人文社　一九九五・五
『山梨県政百年史 上』山梨県　一九七八
『山梨県史資料編13、4、6』山梨県　二〇〇四・三
『中巨摩郡志』山梨県中巨摩郡綜合教育會編纂　一九二八・一二
『市川大門町誌』市川町誌刊行委員会　一九六七・一
『増穂町誌』増穂町誌編纂委員会　増穂町　一九七七・一
『鰍沢町誌』鰍沢町誌編さん委員会　一九九六・三
『甲西町誌』甲西町誌編さん委員会　甲西町　一九七三・六
『櫛形町誌』櫛形町誌編纂委員会　一九六六・六
『白根町誌』白根町誌編纂委員会　白根町　一九六九・一二
『豊村』豊村編纂委員会　豊村　一九六〇・一
『諏訪市史』諏訪市史編纂委員会　諏訪市　一九九五・三
『高遠町誌』高遠町誌刊行会　高遠町　一九八三・一〇

『碩學松井渙斎 第十五回蕩墨書道會特別展』中込龢　二〇一六・一〇
手塚家文書　山梨県立博物館蔵
清風館の記　高室家
芦沢尉家文書　南アルプス市蔵
功刀幹浩家文書　南アルプス市蔵
中込義之家文書
小野毅家文書　小野捷夫蔵
白根町鉄心斎文庫秋山家文書　南アルプス市蔵

あとがき

昭和八年（一九三三）十一月、山梨県は天保時代に創立した西野手習所（松聲堂）を県の史跡として指定した。指定には手習所創立から百年が経過し、昭和十年百周年の記念行事も予定しており、各方面にその働きかけを行っていたこともあった。この県の指定がきっかけで急に松聲堂が脚光を浴びるようになった。

百年の歴史を持つ学び舎というばかりでなく、この時、日本では果物産地が少なかった頃、西野村は日本でも屈指の果物とメロンの大産地となっていた。そのような豊かに繁栄した村の歴史の源流に、百年前農民が公の手習所を創ってしまい、旗本の凄い先生が来て教えたんだ、と目が向けられたことで、松聲堂を世に広めて頂いたことはありがたいことであった。

しかし日本でもこのような創られ方をした手習所がなかったのに、なぜこのような小さな村で公の手習所を創るに至ったのか疑問を持つ人はいなかった。江戸時代、庶民の教育機関としての郷校は藩や幕府の代官所位の経済規模でなければ運営が難しかった。それが甲州の市川代官所配下の生産額七万九千六八三石ある中で、その百分の一（七六一石）の生産力（村高）しかない小さな西野村が、人々の繋がりと経験と気使いが郷学校を創ってしまった。

先に立った人は農民であり、商売もしていた商人でもあったが、創立の過程で運が悪かったものなのか、その時の代官所の手代に翻弄されてしまい、創立に動いた三名が財産を失ってしまう。心労と虚しさに耐えながら子供たちと村の為に初心を貫き通した学び舎であった。幸いにもその後、村人の苦労に寄り添う代官にも恵まれたことで、明治まで生き続け、明治の小学校にと引き継がれてゆく。

今まで松聲堂（郷学校）と誇れるところだけが紙面を賑わし、創立時の事情や裏の様子を知ることがなかった。

本書は裁判と倒産という痛ましい状況に、村人は話題に乗せることさえ憚《はばか》れることになり、いつのまにか忘れ去られてしまった。また手習所ではどのような勉強をしていたかを知ってもらうことであった。苦労された創立者子孫には、悲劇の片鱗をさらすことをしてしまったが昔のことなのでご容赦いただきたい。

筆者は学業を終え農業についた次の年父を失い、そのまま二町歩の果樹園を引き継ぐこととなった。時々仕事の休憩時、畑に座って一服しながら、芦沢尉氏に松聲堂のことを聞かされたものだった。いつか手習所のことを調べようと思いつつも三人の弟妹の学業を済まさせたあと、四人の我が子の学業を終わらせ気が付いたら五十代になっていた。ようやくその頃になって頭の片隅にあった昔の手習所の会話が浮かび出し、冬の農閑期に昔聞いた話の検証をするため、資料や参考書籍に当たっているうち、さらに三十年が経ってしまった。

幸いにも先人の中に松聲堂に関心を持たれた中込松弥氏、芦沢尉氏、功刀七朗氏がおり、その蔵に創立時からの資料が保存されていたことが大きな助けだった。それに古文書の解読をしていただいた村上至子氏、名取美津子氏にはお世話になり感謝の思いである。学生時代漢字というだけで頭が痛くなるほど文章にも疎く、語彙の貧しさをさらけ出すようで恥ずかしい限りであるが、本書の出版に当たりそのようなことを感じさせないご配慮をいただいたアスパラ社の向山美和子社長には心より感謝する次第である。

小野 捷夫 （おの　かつお）

1938 年 現南アルプス市西野 1606 生まれ。
1961 年 東京農業大学卒業。2.1 町歩の果樹園を継承。
1963 年 日本葡萄愛好会から、8 月 1 ヶ月間旧ソ連中央アジア、タシケントなど視察。シャインマスカット、桃太郎などの親になる大粒ブドウ品種を日本に紹介。
1975 年 山梨洋蘭出荷組合設立、山梨蘭友会会長。
2004 ～ 2013 年 白根地区郷土研究部長、市部長。
南アルプス市旧村の歴史を探る冊子「ふるさと歴史めぐり」15 巻まで刊行。
2013 ～ 2020 年 白根地区文化協会会長。2018 ～ 2020 年市会長。

甲州、天保期の異常気象が作った郷校「松聲堂」

2025 年 3 月 27 日　発行
著　者　　小野　捷夫
発行者　　向山 美和子
発行所　　㈱アスパラ社
〒 409-3867 山梨県中巨摩郡昭和町清水新居 102-6
TEL 055-231-1133
装　丁　　アド・ステーション㈱
印　刷　　シナノ書籍印刷㈱

ISBN978-4-910674-12-4
落丁・乱丁本はお取替えいたします。定価はカバーに表示してあります。